> SZENE

S. 12–15: Trends, Entdeckungen, Hotspots! Was wann wo in der Eifel los ist, verrät der MARCO POLO Szeneautor vor Ort

> 24 STUNDEN

S. 92/93: Action pur und einmalige Erlebnisse in 24 Stunden! MARCO POLO hat für Sie einen außergewöhnlichen Tag rund um Trier zusammengestellt

> LOW BUDGET

Viel erleben für wenig Geld! Wo Sie zu kleinen Preisen etwas Besonderes genießen und tolle Schnäppchen machen können:

Gratis: Unterwegs mit dem Ranger S. 41 | Für kleines Geld: Krug mitbringen, Apfelwein auffüllen S. 48 | Eifel-Küche, günstig und gut S. 64 | Clever shoppen in Monreal S. 75 | Ahr-Rotweine direkt vom Winzer S. 82

> GUT ZU WISSEN

Was war wann S. 10 | Spezialitäten S. 26 | Blogs & Podcasts S. 53 | Bücher & Filme S. 61 | www.marcopolo.de S. 102 | Was kostet wieviel? S. 103 | Wetter in Manderscheid S. 104

AUF DEM TITEL
Auf Spurensuche im Kloster oder beim Killerkakao S. 63
Rotweinwanderweg im Ahrtal S. 88

ENTDECKEN SIE DIE EIFEL!

Unsere Top 15 führen Sie an die traumhaftesten Orte und zu den spannendsten Sehenswürdigkeiten

Die Highlights sind in der Karte auf dem hinteren Umschlag eingetragen

Säubrennerkirmes
Am dritten Wochenende im August ist in Wittlich die Sau los – und damit die Rache der Wittlicher an den Schweinen (Seite 23)

Bruder-Klaus-Kapelle
Ein Schweizer Stararchitekt baut einem frommen Bauern bei Mechernich eine Kapelle mitten ins Feld (Seite 33)

Nationalpark Eifel
Urwälder, Seen, Rotwild und eine Ordensburg, die als NS-Kaderschmiede diente (Seite 38)

Höhendörfer
Im Monschauer Land liegen Häuser hinter riesigen Hecken versteckt (Seite 38)

Bitburger Brauerei
Hier können Sie Ihren hier Durst stillen und dabei jene Brauerei besichtigen, die die Silbe Bit in alle Welt getragen hat (Seite 43)

Porta Nigra
Dieses kolossale Bauwerk in Trier blieb übrig von der Hauptstadt des römischen Westreichs (Seite 52)

Totenmaar
Das schönste der Dauner Maare: ein Ort für stille Naturerlebnisse (Seite 58)

Burgen von Manderscheid
Das Flair alter Ritterburgen wird lebendig auf den Felsen über dem Liesertal (Seite 64)

MARCO POLO

Monschau im Herbst, ein Anblick wie aus dem Bilderbuch. Vergessen Sie den Indian Summer in Neuengland – fahren Sie in die Eifel!

MARCO POLO Korrespondentin
Nicole Nelißen

(siehe S. 126)

Spezielle News, Lesermeinungen und Angebote zur Eifel:
www.marcopolo.de/eifel

> SYMBOLE

MARCO POLO INSIDER-TIPPS
Von unseren Autoren für Sie entdeckt

MARCO POLO HIGHLIGHTS
Alles, was Sie in der Eifel kennen sollten

SCHÖNE AUSSICHT

WLAN-HOTSPOT

HIER TRIFFT SICH DIE SZENE

> PREISKATEGORIEN

HOTELS
€€€ über 80 Euro
€€ 60–80 Euro
€ unter 60 Euro
Die Preise gelten für zwei Personen im Doppelzimmer mit Frühstück pro Nacht

RESTAURANTS
€€€ über 16 Euro
€€ 12–16 Euro
€ unter 12 Euro
Die Preise gelten für ein für das jeweilige Restaurant typisches Hauptgericht

> KARTEN

[108 A1] Seitenzahlen und Koordinaten für den Reiseatlas Eifel

Zu Ihrer Orientierung sind auch die Orte mit Koordinaten versehen, die nicht im Reiseatlas eingetragen sind

Eine Karte zum Rotweinwanderweg durch das Ahrtal finden Sie in der hinteren Umschlagklappe

> DIE BESTEN MARCO POLO HIGHLIGHTS

Urpferd
Das Skelett eines Urpferds fand man bei Eckfeld. Betrachten können Sie den Schatz aus der Vergangenheit in Manderscheid (Seite 64)

Mosenberg
Ein Vulkan, den Sie besteigen können, um in den Kratersee zu blicken (Seite 66)

11 Ringwerk am Nürburgring
Die Welt der Formel 1 zum Anfassen – im neuen Themenpark am Ring (Seite 71)

12 Burg Eltz
Das Schmuckstück deutscher Burgenromantik – idyllisch gelegen im Tal der Elz (Seite 74)

13 Maria Laach
Ein Besuch unter Brüdern: 60 Benediktinermönche leben noch heute in dem herrlichen romanischen Kloster am Ufer des Laacher Sees. Das prachtvolle Eingangsportal der jahrhundertealten Abtei trägt den klangvollen Namen „Paradies" (Seite 75)

14 Monreal
Wie im Mittelalter: Das idylllische Fachwerkörtchen in der Osteifel zählt zu den schönsten Dörfer Deutschlands (Seite 77)

15 Sanct Peter
Schon die Kölner Domherren wussten, was gut schmeckt, und tranken Wein vom ältesten Weingut der Ahr in Walporzheim (Seite 85)

WAS FÜR EINE REGION!

Nationalpark Eifel, Rurtalsperre

Es sind nicht nur die erloschenen Vulkane und die Kraterseen, die die Eifel so unverwechselbar machen. Das Mittelgebirge im Westen Deutschlands hat einiges mehr zu bieten. Wo sonst kann man auf einer der berühmtesten Rennstrecken der Welt eine Runde drehen, anschließend bei Kaffee und Kuchen einen Mordfall klären und später eine Urwaldtour machen? All das ist möglich zwischen Aachen und Trier. Zum Beispiel auf der Nordschleife des Nürburgrings. Oder im Krimistädtchen Hillesheim. Oder in der Wildnis des Nationalparks Eifel. Alles fernab ausgetretener Wege. Out of Eifel eben.

> Was haben Formel 1 und Mühlensenf, Gerolsteiner Sprudel und Rotwein, Krimis und Survivaltraining gemein? Die fünf Buchstaben EIFEL. All das und noch mehr finden Sie nämlich in der Mittelgebirgslandschaft zwischen Rhein und Mosel, Sauer und Rur.

Sie ist vielseitig, diese Eifel. Die Spuren des ersten Europäers, Karl des Großen, lassen sich zwischen Mürlenbach, Prüm und Aachen verfolgen. Das Mittelalter wird lebendig in Fachwerkstädtchen wie Monschau, Monreal und Bad Münstereifel. Moderne Motortechnik zieht die Fans immer wieder zu den Rennstrecken des Nürburgrings. Und auch der Genuss kommt nicht zu kurz: Es gibt viel zu probieren, vom Schinken bis zum Ziegenkäse, vom Rotwein aus dem Ahrtal bis zu den erstklassigen Obstbränden aus der Südeifel. Kaum noch nachvollziehbar, wieso das Brockhaus-Lexikon 1837 vermeldete: „Eifel (die) ist ein ödes, unfruchtbares, an Kalk, Schiefer, Basalt, alter Lava reiches Gebirge in der preußischen Provinz Rheinland."

Öd und langweilig? Das war gestern. Heute kommen Großstädter in die Eifel, weil sie der Natur so nah wie möglich sein möchten, ohne den ausgetretenen Spuren des Massentourismus zu folgen. Trotz aller Investitionen in die touristische Infrastruktur haben es die Eifler nämlich verstanden, Landschaft und ländliche Kultur

> Selbst die kleinsten Dörfer putzen sich mit Liebe heraus

zu erhalten. Gäste sind willkommen, aber man wirft für sie nicht lieb gewonnene Traditionen über Bord. Die Zeiten, in denen man alte Häuser und Höfe einfach abriss, um an ihrer Stelle gesichtslose Neubauten zu errichten, sind vorbei. Die Konzepte zur Dorferneuerung haben zuletzt viel bewirkt. Besucher staunen oft, mit welcher

Urkraft des Wassers: die Irreler Stromschnellen im Tal der Prüm

Liebe selbst in kleinsten Orten alte Gebäude herausgeputzt wurden.

Das wäre nicht gelungen, wenn die Eifler nicht neues Selbstbewusstsein und Heimatverbundenheit entwickelt hätten. Früher galt, dass man die Eifel verlassen muss, um etwas zu werden. Heute pendeln die Eifler lieber: Morgens zur Arbeit in eines der großen Zentren am Rand der Region; abends und am Wochenende kümmern sie sich um Haus, Hof und Hobbys. Und wenn sie Lust haben, fahren sie auch mal zum Fußballspiel nach Mönchengladbach oder zum Musical nach Düsseldorf.

In vielen Dörfern leben alte Traditionen weiter. So gilt oft noch, dass ein ortsfremder junger Mann, der dreimal bei einem Mädchen gesehen wurde, anderen Junggesellen eine Runde ausgeben muss, wenn er sie weiter besuchen möchte. Bei Hochzeiten wird „geschliffen", d. h. mit einem rotierenden Eisenrad und einer Stange viel Krach gemacht. Eine Kirmes kann erst beginnen, wenn der Kirmesknochen, meist ein Ochsenschädel, ausgegraben ist. Nach dem Fest wird er wieder eingebuddelt.

Die Eifler sind bodenständig, haben aber durchaus einen hintersinnigen Humor, der manch originelle Idee hervorbringt. Oder wie sonst kommt das Dörfchen Oberweis darauf, Wettbewerbe im Unterwasserbierfassrollen auszurichten? Das Dörfchen Kaschenbach ist bekannt für das jährliche Badewannenrennen. Wer in die Gilde der Bitburger Ehrenbürger aufgenommen werden will, muss sich zuvor mit einem gräulichen Sud öffentlich taufen lassen. In Prüm wird regelmäßig die „Miss Traktor" gewählt. Und eines der beliebtesten Spiele in den Dörfern ist das Kuhfladenroulette.

> *Die Eifler haben einen hintersinnigen Humor*

Die Hektik der Großstädte vermisst niemand hier. Im Gegenteil: Die Städter kommen, um Ruhe zu finden. Und die Eifler fahren am Samstag nach Köln, um danach zu erzählen, wie schlimm Staus und Gedränge waren. Typisch für diese Haltung ist wohl ein Landwirt aus der Gegend um Neuerburg. Sein „Dorf" besteht aus einem einzigen Bauernhof, den er mit seiner Familie und seinen 30 Kühen bewohnt. Bis zum nächsten Nachbarn hat er einige Kilometer Weg. Auf die Frage, ob er sich nicht

WAS WAR WANN?

Geschichtstabelle

um 35 000 v. Chr. Neandertaler streifen durch die Eifel

11000 v. Chr. Letzer Ausbruch des Laacher Vulkans

52 v. Chr. Cäsar unterwirft die Gallier. Die Eifel wird römisch

5. Jh. n. Chr. Die Franken lösen die Herrschaft der Römer ab

1688 Im Pfälzischen Erbfolgekrieg von 1688–97 zerstören die Franzosen die meisten der 140 Eifler Burgen

1794 Französische Revolutionstruppen besetzen das Rheinland und annektieren die Eifel

1815 Beim Wiener Kongress wird die Eifel Preußen zugeschlagen

1938/39 Mit dem Bau des Westwalls an der Grenze zu Luxemburg und Belgien wird der Zweite Weltkrieg vorbereitet

1944/1945 Bei der Ardennenoffensive und dem anschließenden Vormarsch der Alliierten werden viele Dörfer und Städte zerstört

1945 Die Südeifel steht unter französischer Besatzung, die Nordeifel gehört zur britischen Zone. Daraus entstehen später Rheinland-Pfalz und Nordrhein-Westfalen

1994 US-Truppen räumen die Air Base Bitburg. Als Nato-Stützpunkte verbleiben Spangdahlem (USA) und Büchel (Bundeswehr)

2004 Bei Schleiden-Gemünd wird der Nationalpark Eifel eröffnet

2009 Am Nürburgring wird ein ganzjähriges Freizeit- und Businesszentrum eröffnet

manchmal einsam fühle, antwortet er: „Nein, wieso? Ich bin hier geboren. Ich habe nie anders gelebt. Und einmal im Jahr geh ich ins Nachbardorf zur Kirmes.“

140 Burgen haben die verfeindeten Eifler Adelsgeschlechter hinterlassen, die meisten sind heute romantische Ruinen. Aber auch die deutsche Paradeburg, die Burg Eltz, liegt in der Eifel. Die einst mächtigen Klöster haben Landschaft und Menschen geprägt. Noch heute laden Abteien wie Himmerod und Maria Laach zur stillen Einkehr ein.

Die Eifel ist aber auch eine der ältesten Industrielandschaften. Vor allem die Eisenindustrie ist hier verwurzelt. Stahlbarone wie Hoesch und Poensgen, die das Ruhrgebiet zum Zentrum der deutschen Kohle- und Stahlindustrie machten, betrieben ihre ersten Eisenhütten in der Nordeifel. Und steinreich ist die Eifel. Das Reichstagsgebäude in Berlin wurde aus Sandsteinblöcken gemauert, die im Kylltal abgebaut wurden.

Faszinierend ist in der Eifel alles, was sich um das Wörtchen Geo dreht. Auf geologischen Wanderpfaden kann man vulkanisches Feuer spüren, ohne sich in Gefahr zu begeben. Ab und zu bebt die Erde immer noch, zuletzt im Sommer 2002. Doch Angst braucht niemand zu haben: Mit einer Katastrophe ist zum Glück nicht zu rechnen. Aber für ein wenig Nervenkitzel in einem Maarkessel oder einem Vulkanschlot – dafür reicht's allemal. Für die heutige Zeit gilt das Motto „Eifel – Lust auf Natur". Zwei grenzüberschreitende Naturparks haben sich die Bewahrung natürlicher und landschaftlicher Besonderheiten zur Aufgabe gemacht: der Deutsch-Belgische Naturpark im Norden, der bis ins Hohe Venn reicht, und der Deutsch-Luxemburgische Naturpark im Süden, der die Südeifel und die Luxemburger Schweiz umfasst. Natur erleben können Sie in der

> **Natur können Sie auf vielfältige Weise erleben**

Eifel auf vielfältige Weise: Wer die Extreme liebt, kann es bei einem Survivaltraining in den Wäldern versuchen oder bei einer Wildwasserfahrt im Kajak über die Irreler Wasserfälle. Entspannter geht es bei „Eifel zu Pferd" zu: Ein Netz von Reiterhöfen ist über das ganze Land verstreut. Und in der Nordeifel ist der erste Nationalpark im Westen von Deutschland entstanden. Der lässt sich erwandern. Auch dafür ist die Eifel berühmt. Einer ihrer größten Fans ist übrigens Manuel Andrack. Der Ex-Showpartner von Harald Schmidt hat sogar ein Buch über seine Liebe zur Region geschrieben. Dort schwärmt er: „Die Eifel ist das schönste Mittelgebirge Deutschlands". Andrack ist einer jener Großstädter, den die Region in ihren Bann gezogen hat. Die Eifler kennen das schon. Sie wissen am besten, was ihre Heimat wirklich ist: eine immer noch kaum entdeckte Schönheit.

Draußen Mühlradidylle, drinnen brodelnde Urgewalten: das Vulkanmuseum in Mendig

TREND GUIDE EIFEL

Die heißesten Entdeckungen und Hotspots! Unser Szene-Scout zeigt Ihnen, was angesagt ist

Magdalena Zietkiewicz
studiert Archäologie, Kunstgeschichte und Pädagogik in Trier. Unser Szene-Scout fühlt sich in der lebendigen Design- und Nightlifeszene der Region pudelwohl und ist dabei immer auf der Suche nach den neuesten Hotspots und Trends. Was sie an der Eifel fasziniert? Dass es hier nie langweilig wird, da es ständig Neues zu entdecken gibt.

KUNTERBUNT!

Farbenprächtige Skulpturen und Objekte

Die Kreativen in der Eifel machen mit ausgefallenen Aktionen und Kunstwerken auf sich aufmerksam. Künstler Merlin Flu aus Schleiden gönnt seinen Werken eine Menge Farbe: Seine bunten Objekte wie das Schlangenboot sind aus Stahl und Keramik *(www.merlin-flu.de,* Foto*)*. Witzig: Frauke Güntzel formt unter anderem bunte Ameisenbären *(Speestr. 15, Trier, www.frauke-guentzel.de)*. Skulpturen in freier Natur zeigt der Brunnen- und Skulpturenpark in Niederprüm *(www.skulpturenpark-kruft.de)*. Mit der Aktion *Eifel 2008* stellten auch die Einwohner der Region ihre Kreativität unter Beweis. Firmen, Schulen, Künstler oder interessierte Privatpersonen konnten eine 1,80 m große weiße Bärenskulptur erwerben und diese frei gestalten *(www.eifel2008.de)*. Die beeindruckenden Bären sind nun im Eifelpark ausgestellt *(www.eifelpark.de)*.

SZENE

CROSSOVER

Stilmix statt Mainstream

In der Musikszene zählt Vielfältigkeit, was besonders den Jungmusikern entgegenkommt. Vor allem beim *Schoolband-Jamcontest* in Daun *(www.schoolbandjam.de)* und dem Newcomercontest *Rockbuster (www.rockbuster.de)* kristallisieren sich Crossoverbands als Senkrechtstarter heraus. So auch *Blind* aus Andernach, die mittlerweile einen Plattenvertrag in der Tasche haben *(www.blindpage.de,* Foto*)*. Auch die sechs Jungs von *Highfly* überzeugen mit ihrem Stilmix aus Rock und Punk *(www.highfly.org)* und waren bereits beim Festival *Rock die Lok* in der Lokhallen-Art-Arena zu Gast *(Am Wasserturm 8-11, Mayen)*. In Trier steht Newcomern mit dem *Bunker* ein Proberaum zur Verfügung *(Ludger-Kern-Haus, Karl-Grün-Str. 10)*. Liveauftritte finden regelmäßig im *Dauner Forum (Leopoldstr. 5, Daun, www.forum-daun.de)*, dem *JUZ Live Club Andernach (Stadionstr. 88, Andernach, www.juz-andernach.de)* und in der *Halle 300* statt *(Kopernikusstr. 2, Bitburg)*.

DIE PATEN

Unterstützung ist angesagt

Immer mehr Menschen in der Region wollen sich engagieren und übernehmen Patenschaften. Diese Form der modernen Spende gibt es auch bei der *Rettungshundestaffel Eifel-Mosel*. Durch die Übernahme einer Patenschaft für einen Rettungshund wird dessen Ausbildung und Ausrüstung finanziert. Im Gegenzug darf der Pate seinen Hund beim Training oder der Rettungshundeprüfung beobachten *(Borweg 27, Bergweiler, www.rhs-eifel-mosel.de)*. Auch im *Hochwildpark Rheinland* warten Bambi, das Reh, Paul, der Pfau, und viele andere Tiere auf einen Paten, der sie fleißig besucht *(Mechernich-Kommern, www.hochwildpark-rheinland.de)*.

NIGHTLIFE

Fabrik, Garage & Lokschuppen

Partypeople zieht es in außergewöhnliche Locations. Immer mehr alte Gebäude werden mit modernem Equipment ausgestattet. Dabei achten die Macher darauf, dass das ursprüngliche Flair beibehalten wird. Im *Heizwerk* am Bitburger Flugplatz feiern Nachtschwärmer auf zwei Etagen zwischen riesigen Rohren und relaxen in alten Heizkesseln *(www.eifelstern.com)*. In Waxweiler zieht es Nachtschwärmer zu Mottopartys in den alten *Lokschuppen (Bahnhofstr. 1)* und in der *Ton Fabrik* in Mechernich wird auf knapp 2000 Quadratmetern gefeiert *(An der Zikkurat 4, www.ton-fabrik.de)*. Die angeblich schönste Garage der Welt ist das *Piranha (Karl-Marx-Str. 17, Trier, www.piranha-trier.de,* Foto*)*.

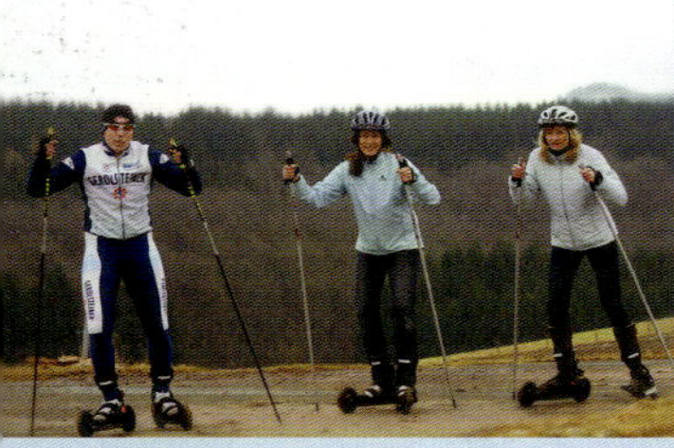

SKIKEN

Völlig von der Rolle

Gepimpte Rollerblades an den Füßen und extrem lange Stöcke in den Händen – so präsentiert sich die neue Generation der Eifler Trendsportler. Mit ordentlich Speed sind sie dank spezieller Rollen auf Waldwegen und Kieselpfaden unterwegs. Der leidenschaftliche Skiker Udo Hergarten weiht nicht nur Anfänger in den Sport einweiht, sondern organisiert auch Events wie den Skike-Biathlon in Nettersheim *(www.eifel-skike.de)*. Kurse bietet auch das *Nordic Active Ausbildungszentrum Skiverband Rheinland* an *(www.natureskating.eu)*. Fortgeschrittene gehen bei *EifelTour* mit erfahrenen Skikern auf Entdeckungsreise durch die Region *(www.eifeltour.eu,* Foto*)*.

EIFEL DESIGN

Unkonventionelle Unikate

Jungdesigner wie Elena Villa Hamann machen mit neuen Gestaltungstechniken von sich Reden. Durch Laserschliff designt sie individuelle Steine und Schmuckstücke, die sie in ihrer Schmucklounge *Die Villa* anbietet *(Nagelstr. 13, Trier, www.die-villa.com,* Foto*)*. Tanja Kriebel verarbeitet mit einer besonderen Schnitttechnik qualitativ hochwertige Stoffe zu unkonventionellen Outfits. Diese shoppt man in ihrer Boutique in Trier *(Bruchhausenstr. 5, www.kriebel.de)*. Die Kreativen von *Anvari Design* setzen mit ihren handgefertigten Möbeln auf Unikate aus natürlichen Materialien *(Fleischstr. 62-65, Trier, www.anvaridesign.de)*.

MODERNE ARCHITEKTUR

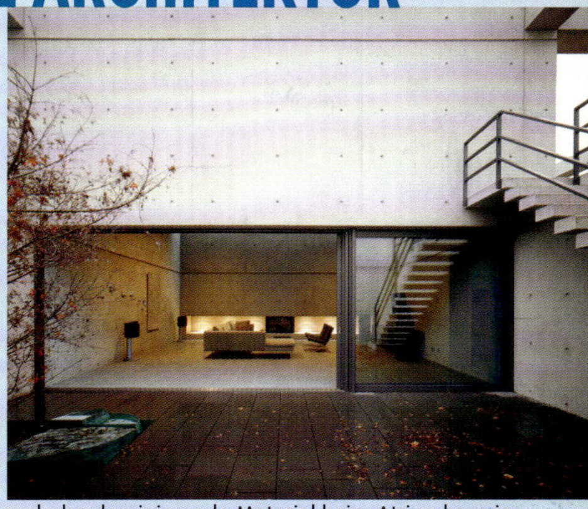

Schlichtes aus Beton

Auf den ersten Blick wirken die modernen Bauten der Region oft deplatziert, auf den zweiten Blick interessant; und wer dann nochmal hinsieht und sich auf die moderne Interpretation einlässt, wird überwältigt sein. Wie sonst konnte Stararchitekt Peter Zumthor mitten in der Landschaft zwischen Feldern, Wäldern und Wiesen eine Kapelle errichten, die nichts weiter ist als ein riesiger Betonquader *(Rissdorfer Weg, www.baukunst-nrw.de)*. Beton ist auch das dominierende Material beim Atriumhaus in Trier *(Denzer & Poensgen, www.denzer-poensgen.de,* Foto*)*. Das *Erlebniszentrum Andernach* war vor seiner Fertigstellung von den Anwohnern noch als riesiger Betonklotz verschrien, doch bei genauem Hinsehen wurde den Betrachtern schnell klar, dass genau diese reduzierte Architektur den Vulkanismus der Region sehr gut symbolisiert *(Konrad-Adenauer-Allee, www.geysir-andernach.de)*.

WENIGER IST OFT MEHR

Spezialisierte Restaurants

Während manche Restaurants mit einer riesigen Karte und Gerichten mit noch mehr Zutaten Gäste anlocken wollen, spezialisieren sich viele Eifler Küchenchefs auf einzelne Produkte. So setzt das Kartoffel-Restaurant *Kiste*, wie der Name schon sagt, auf die vielfältige Knolle und serviert Ofen-, Brat- und Folienkartoffeln in sämlichen Variationen *(Fahrstr. 13–14, Trier, www.kiste-trier.de,* Foto*)*. Die Spezialität des Kartoffel- und Nudelhauses *Pomm & Pasta* ist die hausgemachte Kartoffelpizza *(Im Hotel Niederée, Zehnerstr. 2, Bad Breisig, www.hotel-niederee.de)*. Alles Käse ist das Motto in der *Käsefalle* in Trier *(Karl-Marx-Str. 70 b, www.kaesefalle.de)*. Neben Käseplatten und Raclette überzeugen hier, wie auch im *Hotel Vulkaaneifel (Reiffenbergstr. 1, Daun, www.hotelvulkaaneifel.nl)* oder im Restaurant *Weinhexe (Saarstr. 18, Trier, www.weinhexe-trier.de)* die leckeren Fonduevarianten.

> VON MAAREN, BURGEN UND HOBBY-KRIMINALISTEN

Die Eifel ist eine eigenwillige Landschaft, die voller Überraschungen steckt

BURGEN

Grafen und Herzöge, Äbte und Bischöfe stritten sich im Mittelalter selbst um kleinste Territorien. Bis heute repräsentieren 140 Burgen der Eifel die Stein gewordene Machtpolitik vergangener Zeiten. Von den meisten sind nur noch Ruinen übrig. Größtenteils wurden sie im Pfälzischen Erbfolgekrieg (1688–97) von französischen und niederländischen Truppen zerstört. Eine der wenigen unversehrt gebliebenen Burgen ist Burg Eltz in der Nähe von Mayen. Sie konnte wegen ihrer extremen Steillage nicht bezwungen werden.

DEUTSCHE VULKANSTRASSE

39 Vulkane, Maarkessel, Thermalquellen und andere „heiße" Sehens-

Bild: Burgruine Niederburg bei Manderscheid

STICH WORTE

würdigkeiten verbindet die Deutsche Vulkanstraße. Diese Erlebnisroute beginnt am Laacher See und führt über 280 km und 39 Standorte nach Manderscheid – oder umgekehrt. Diese Ferienstraße können Sie mit dem Auto oder mit dem Motorrad abfahren, wenn Sie die wichtigsten geologischen Punkte der Vulkaneifel in einer Tour erkunden wollen. Da die Vulkanstraße auch zahlreiche Gemeinden berührt, können Sie sich die Tour ohne Probleme in mehrere Tagesetappen mit Übernachtung aufteilen. *www.deutsche-vulkanstrasse.com*

EIFLER PLATT

Wenn Sie plötzlich nichts mehr verstehen, sind Sie an einen echten Eifler geraten. Denn die territorialen Strukturen, wie sie sich seit der Römerzeit entwickelt haben, bestimmten auch die Eifler Dialekte. Sprachgeografisch lässt sich die Eifel in den ripuarischen und den moselfränkischen Dialektraum teilen. Die Sprachgrenze verläuft grob zwischen der Nord- und der Vulkan-/Südeifel.

FLORA & FAUNA

In der Eifel stößt man auf die typische Pflanzen- und Tierwelt deutscher Mittelgebirge: In den Wäldern, die vorwiegend aus Ahorn, Buchen und Eichen bestehen, leben Füchse und Hasen, Hirsche, Rehe und Wildschweine, auch die seltene Wildkatze und Rotwild. In der Nordeifel wurden Biber und Fischotter wieder eingebürgert. Über den Baumwipfeln kreist der Mäusebussard, Uhu und Schwarzstorch nisten wieder und an manchen Stellen haben Fledermäuse Quartier bezogen. In der Our und im Perlenbach lebt die seltene Flussperlmuschel. Auf den sumpfigen Wiesen der Nordeifel blühen im Frühjahr Teppiche wilder Narzissen, und etwas später das sogenannte Eifelgold, der Ginster. An trockeneren Standorten prägt Wacholder die Heidelandschaften. Zudem ist die Eifel ein Paradies für Pilz- und Beerensammler.

GENOVEVA

Die Genoveva-Sage ist eine der großen deutschen Volkserzählungen, deren Spuren sich bis heute in der Eifel besichtigen lassen. Der Legende nach lebte Genoveva im 8. Jh. als Gemahlin des Pfalzgrafen Siegfried. Als dieser im Krieg war, wurde Genoveva von seinem Statthalter Golo des Ehebruchs bezichtigt – zu Unrecht. Die Rittersfrau wurde zum Tode verurteilt, aber vom Henker verschont. Sie fand mit ihrem Neugeborenen Zuflucht in einer Höhle im Wald. Durch einen Zufall entdeckte Siegfried beide sechs Jahre später bei einer Jagd wieder. Zum Dank soll er die Wallfahrtskirche Fraukirch errichtet haben.

Ein seltener Anblick, so ein Rothirsch – in den Waldbiotopen der Eifel kann man ihn erleben

Die Genoveva-Sage ist das Nibelungenlied der Eifel, ihre Wurzeln reichen bis ins frühe Mittelalter zurück. Um 1300 wurde die Erzählung das erste Mal niedergeschrieben. Im 18./19 Jh. gab es einen regelrechten Genevova-Hype. Die Erzählung wurde zum Theaterstück und fand ihren Weg in die Volksbücher. Bis heute begegnet man der Sage überall in der Eifel: in der Genevovahöhle bei Mendig; der Genevovaburg in Mayen; der Fraukirch bei Thür. Und auf zahlreichen Schildern, die auf Straßen, Plätze oder Schulen verweisen.

KRIMI

Der Eifelkrimi – beginnend mit Jacques Berndorfs „Eifel-Blues" aus dem Jahr 1989 – wurde deutschlandweit zur Marke und die Eifel damit zur Krimilandschaft schlechthin. Mittlerweile lassen etwa 50 Autoren in der Eifel morden, betrügen und kidnappen. Im Zentrum des Verbrechens steht dabei der Ort Hillesheim, der sich mit dem Kriminalhaus zur Krimizentrale gemausert hat. Die Storys lesen sich fast wie Reiseführer: Die Handlung der Eifelkrimis ist fiktiv, Schauplätze und Personen sind jedoch real. Deshalb kann man auf einem Krimiwanderweg auf Spurensuche gehen. Er verbindet elf Schauplätze miteinander, wobei er in zwei Routen von 17 und 20 km aufgeteilt ist. *www.eifelkrimi-wanderweg.de*

MAARE

Viele Touristen bezeichnen Maare als Kraterseen – und liegen falsch. Anders als ein Krater, der nach der Eruption eines Vulkans entsteht, ist ein Maar die Folge einer Implosion des Bodens. Wenn Magma im Erdinneren auf Wasser trifft, verwandelt sich die Flüssigkeit explosionsartig zu Wasserdampf und sprengt durch ihre plötzliche Ausdehnung kraterförmige Löcher in die Landschaft. Einige dieser Trichter füllten sich später mit Wasser und bilden die einzigartigen Seen, für die die Eifel berühmt ist.

Geologen haben über 50 Maare in der Eifel gezählt, von denen nur neun mit Wasser gefüllt sind. Das größte Maar ist der Laacher See. Wer am Nordufer des Sees spazieren geht, sieht immer wieder blubbernde Blasen an der Wasseroberfläche. Diese sogenannten Mofetten bestehen aus Kohlensäuregas, das aus den Tiefen des Gesteins stammt – und anzeigt, dass der Vulkanismus in der Eifel keineswegs erloschen ist. Das bekannteste, weil typisch runde Maar ist das Weinfelder Maar bei Daun. Und hier noch zwei Superlative: Mit 75 m ist das Pulvermaar das tiefste, mit 9500 Jahren das Ulmener Maar das jüngste der Eifler Maare.

NATIONALPARK EIFEL

Am 1. Januar 2004 wurde der Nationalpark Eifel nach dem Vorbild des streng geschützten Nationalparks Bayerischer Wald gegründet. Der Park umfasst auf 110 km^2 Fläche den früheren Truppenübungsplatz Vogelsang sowie die Buchenwälder des Kermeter und die Urfttalsperre. Es handelt sich um einen nordeuropäischen Urwald: Damit sich wieder jene geschlossenen Laubwälder entwicklen, wie sie früher für in der Region typisch waren, bleiben zwei Drittel der Fläche der Natur überlassen – ohne jegliche menschliche Nutzung. *www.nationalpark-eifel.de*

RÖMISCHE WASSERLEITUNG

Die römischen Ingenieure waren Meister im Bau von Wasserleitungen, immerhin 95,4 km lang war die Wasserleitung von Nettersheim nach Köln. Auf dem Römerkanal-Wanderweg kann man noch heute nachvollziehen, wie die Wasserleitung funktioniert hat. Im Grünen Pütz, einem Brunnen bei Nettersheim, sammelte sich das Wasser in der Brunnenstube und floss dann, geschickt dem Gelände angepasst, mit gleichbleibendem Gefälle Richtung Rhein. Die Täler wurden aufwendig mit mächtigen Aquädukten überbrückt, wie es noch heute bei Vussem zu sehen ist.

TALSPERREN

Trinkwasser- und Energieversorgung, Hochwasserschutz und Freizeitvergnügen – all diese Funktionen erfüllen die 15 Talsperren im Einzugsbereich der Rur. Sie prägen unübersehbar das Landschaftsbild der Nordeifel. 1959 wurde die größte der Talsperren fertiggestellt: Schwammenauel ist mit einem Fassungsvermögen von 205 Mio. m^3 die zweitgrößte Talsperre Deutschlands nach der Bleiloch-Talsperre in Thüringen. Der Name erinnert an ein Gehöft an der Rur, das durch Hochwasser zerstört wurde.

VULKANE

Die Eifellandschaft wurde nachhaltig durch Vulkanausbrüche geprägt. In zwei verschiedenen geologischen Epochen entstanden die charakteristischen Vulkankegel und Maare. Etwa 130 Eruptionsstellen stammen aus dem Tertiär (vor etwa 50 Mio. Jahren), darunter die Hohe Acht, dem mit 746 m höchsten Berg der Eifel. Im Quartär brachen etwa 320 Vulkane aus. Die Ausbrüche begannen vor rund 700 000 Jahren und endeten mit dem jüngsten Ausbruch am Ulmener Maar vor 9500 Jahren. Trotz der langen Ruhephase sehen Geologen den Eifelvulkanismus nicht als erloschen an und meinen, die Vulkane würden nur vorübergehend „schlafen". Wann mit dem nächsten Ausbruch zu rechnen ist, kann aber niemand vorhersagen.

WESTWALL

Auf 630 km Länge, von Basel über Trier bis nach Kleve am Niederrhein, zogen sich die Befestigungen des Westwalls an der deutschen Grenze entlang. Erbaut wurde der Westwall in den Jahren 1936 bis 1940 zur Vorbereitung des Zweiten Weltkrieges. Die Anlagen bestanden aus verbunkerten Kampfstellungen und Panzersperren, der so genannten Höckerlinie. Seinen eigentlichen Zweck erfüllte der Westwall nie. Er wurde kurz vor dem Kriegsende 1945 in wenigen Tagen von den Panzern der Alliierten überrollt. Obwohl die meisten Bunker gesprengt wurden, stößt man im Westen der Eifel heute noch vielerorts auf Reste der Höckerlinie. Eindrücke vom damaligen Geschehen vermittelt das Westwall-Museum in Irrel. Es wurde in einem Panzerwerk, einer verbunkerten Artilleriestellung, eingerichtet.

SCHNEIFEL

Der Begriff Schneifel hat nichts mit Schnee oder Eifel zu tun: Er leitet sich aus dem früheren Sprachgebrauch dieser Region ab und bedeutet so viel wie Schneise (über den Höhenzug). Die Schneifel verläuft von Brandscheid bei Prüm nach Nordosten bis Ormont entlang der belgischen Grenze. Im Winter liegt hier der Schnee mit am längsten in der gesamten Eifel, Wintersport ist am Schwarzen Mann (697,3 m) möglich. Lassen Sie sich nicht vom Begriff „Schnee-Eifel" irritieren: Der klingt ähnlich wie Schneifel, beschreibt aber ein wesentlich größeres Gebiet: einen Gebirgszug in den westlichen Hochlagen der Eifel.

WINDSCHUTZ-HECKEN

Sie sind eine echte Spezialität der Region, die mächtigen Windschutzhecken der Nordeifel und des Hohen Venn. Als moderne Dämmtechniken noch unbekannt waren, gaben die haushohen grünen Mauern Schutz vor atlantischen Stürmen. Kunstvoll wurden dafür Stämme von Rotbuche und Weißdorn miteinander verwoben und immer wieder beschnitten. So konnten sie kräftig austreiben und ein dichtes Blattwerk bilden. Weil die verflochtenen Stämme ihr Laub bis zum Frühjahr tragen, können die Hecken selbst Winterstürmen trotzen. Besonders prächtig sind die Hecken im Monschauer Höhendörfern.

DIE EIFEL ROCKT

Geister kehren den Winter aus, Musikfans feiern den Beginn des Sommers und Kriminalisten gehen auf herbstliche Spurensuche

> Skurrile Umzüge, kriminalistische Spurensuche und wilde Ritterkämpfe gehören zu den Höhepunkten des Eifeljahres. Und es gibt eine blühende Musiklandschaft: Kirchen, Klöster, Schlösser, Burgruinen, Mühlen und Werkshallen werden zur unvergesslichen Kulisse für klassische Konzerte, Jazz oder Rock.

FEIERTAGE

Neujahr, Karfreitag, Ostermontag, 1. Mai, Himmelfahrt, Pfingstmontag, Fronleichnam, 3. Oktober, 1. und 2. Weihnachtsfeiertag

FESTE UND VERANSTALTUNGEN

Februar/März

★ *Geisterzug in Blankenheim* am Samstag vor Karneval: Gespenster mit Pechfackeln ziehen durchs nächtliche Burgstädtchen.

Burgbrennen in vielen Dörfern: Zur Vertreibung des Winters werden am Sonntag nach Fastnacht Strohhaufen oder mit Stroh umwickelte Kreuze abgebrannt.

März/April

Eierlage: Wettrennen um Eier werden viele ausgetragen, am urtümlichsten am Ostermontag in Schönecken.

April/Mai

Internationale Wildwassermeisterschaften in Monschau auf Rur und Perlenbach Ende April/Anfang Mai.

★ *Eifel-Literaturfestival:* Das „Who is Who" der Literaturszene, mit 30 Veranstaltungen an 18 Orten *(bis Oktober | www.eifel-literaturfestival.de)*

Mai/Juni

★ *Rock am Ring:* dreitägiges Musikfestival der Superlative am Nürburgring

Ritterspiele und Burgmarkt auf Burg Satzvey bei Mechernich (bis Sept.)

Juni

Burgfestspiele in Mayen: Schauspiele der Weltliteratur im Hof der Genovevaburg (bis Mitte Aug.)

Eifler Musikfest im Kloster Steinfeld mit Kammer- und Orgelkonzerten.

Aktuelle Events weltweit auf www.marcopolo.de/events

> EVENTS FESTE & MEHR

Spannungen – Kammermusikfest im Jugendstilkraftwerk Heimbach bei Düren.
Open Air Klassik auf der historischen Burg *in Monschau* mit Theater- und Opernhighlights.

Juli
Europäisches Folklore-Festival in Bitburg am zweiten Wochenende.
Klassik auf dem Vulkan: Oper und Musical Open Air am Gemündener Maar
Saugasse-Fest in Adenau am letzten Wochenende.

August
Stauseefest in Biersdorf bei Bitburg am ersten Wochenende mit Drachenbootrennen und Seefeuerwerk.
★ *Säubrennerkirmes in Wittlich* am dritten Wochenende: Weil einst eine streunende Sau den Belagerern die Stadttore öffnete, beschloss der Stadtrat, zur Strafe alle Schweine zu verbrennen. Der Beschluss wird ein wenig abgewandelt: Ganze Schweine rösten am Grill.
Stadtfest in Adenau am letzten Augustwochenende.
★ *Historisches Burgenfest auf der Niederburg* bei Manderscheid am vierten Wochenende – mit Reiterkämpfen und Rittergelagen.

September
Weinwochen in Bad Neuenahr-Ahrweiler am ersten Wochenende.
Tatort Eifel: Großes Krimifestival in der Vulkaneifel Mitte September. www.tatort-eifel.de
Herbstmarkt in Kaisersesch am letzten Wochenende.
Buttermarktkirmes in Adenau am letzten Wochenende.

Oktober
Lukasmarkt in Mayen Mitte des Monats, der größte Jahrmarkt der Eifel.

Dezember
Weihnachtsmärkte in verschiedenen Orten der Eifel. Die schönsten sind in Monschau und in Trier.

> VON DÖPPEKOOCHE BIS TEERTISCH

Kartoffeln, Früchte und Kräuter: Feinschmecker wissen die „Arme-Leute-Essen" früherer Tage zu schätzen

> Preußisch-Sibirien wurde die Eifel im 19. Jh. oft genannt. Milch und Honig flossen keineswegs üppig, nicht einmal in den Herrenhäusern des Adels. Acker und Stall, Jagd und Wald gaben kaum das her, was zum Überleben nötig war. So glänzen die überlieferten Rezepte weniger durch Opulenz als durch Einfallsreichtum.

Aus wenig so viel machen wie möglich – das war das wichtigste Rezept der Eifler Hausfrau. Dabei stand ihr zur Verfügung, was Landwirtschaft und Garten lieferten, dazu sammelte sie Früchte und Kräuter.

Die Blätter des jungen Löwenzahns eignen sich bestens für einen Salat, der mit Kartoffeln und Speck serviert wird. *Hongslatze* wird das noch heute beliebte Gericht genannt. Viele Eifler schwören zudem auf *Döppekooche*, einen Teig aus geriebenen Kartoffeln, Zwiebeln und Speck, der in der gusseisernen Form wie ein Kuchen gebacken wird. Oder auf *Teertisch,* mit

Bild: Markt von Ahrweiler

ESSEN & TRINKEN

Sauerkraut und Speckwürfeln vermengten Kartoffelbrei.

Ein Fisch, gebraten, gekocht oder geräuchert, ist in der Eifel besonders beliebt: die Forelle. Früher waren die Gewässer bekannt für ihren Fischreichtum, sogar Lachse wurden gefangen, wenn sie Flüsse wie Salm, Kyll und Prüm aufwärts wanderten. Heute stammen die Forellen meist aus Zuchtteichen. Und die Lachse sind Importware.

Auch für flüssige Nahrung ist gut gesorgt. Im Ahrtal wird Rotwein, vor allem Spätburgunder, angebaut – und das oft in sehr guter Qualität. Die Eifler fanden aber auch schnell heraus, dass man Wein nicht nur aus Trauben, sondern auch aus Äpfeln keltern kann. Der etwas herbe Apfelwein wird in der Region *Viez* genannt.

Apollinaris, Gerolsteiner und Brohler – das sind klangvolle Namen für Mineralwässer aus den vulkanischen Tiefen der Eifel. Die Einheimischen bevorzugen eher Bier: das Bitburger, gebraut in einem Familienbetrieb, der sich mit Eifler Beharrlichkeit an die Weltspitze gesetzt hat.

Unter dem Namen *Eifel-Premium-Brand* hat in den letzten Jahren ein Getränk Furore gemacht, das früher oft als Rachenputzer galt, heute aber sogar den Aufstieg in die gehobene Gastronomie geschafft hat: Obstbrände, hergestellt in Brennereien, die auf vielen Bauernhöfen Teil des landwirtschaftlichen Betriebs sind. Es war Napoleon, der den Bauern im Bitburger Land das Brennen des eigenen Obstschnapses gestattete – und so ist es bis heute geblieben. streng überwacht vom Zoll. Ein gewollter Nebeneffekt des Schnaps-

> SPEZIALITÄTEN

Genießen Sie die typische Eifler Küche!

Backesgrompere – mit Sahne und Wurstscheiben überbackene Speckkartoffeln

Bonne-Strüh – Eintopf aus Sauerkraut und weißen Bohnen, serviert mit Schweinerippchen oder Mettwürstchen

Dicke Bohnen mit Mettwurst – ein deftiges Gericht, das den Bauern Kraft für die Feldarbeit gab

Dütchen – knusprige Bisquithörnchen, gefüllt mit Sahne, Eis oder Früchten; gibt's vor allem in Monschau (Foto)

Himmel und Ärd – Äpfel und Kartoffeln werden zusammen gedünstet und gern mit warmer Blutwurst serviert

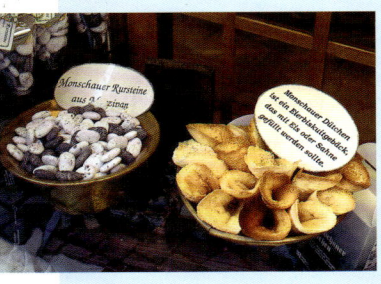

Jeärschtesupp – dicke Suppe aus Graupen und Rindfleisch

Knudeln – Klöße aus Mehl, Eiern und Milch geformt, in Salzwasser gegart und mit zerlassener Butter serviert. Dazu schmecken Waldbeeren, Pflaumen oder Apfelmus

Kruck – Rübensirup, hergestellt aus den Knollen der Zuckerrübe, von den Einheimischen wegen des Aussehens auch schon mal *Wagenschmiere* genannt. Der Geschmack erinnert an Karamellbonbons. Besonders geeignet als Brotaufstrich oder zu Waffeln

Kwälman – kleine, in der Schale gekochte Kartoffeln. Zum Essen werden die Kartoffeln gepellt und in heißes Öl gestippt. Dazu gibt es *Klatschkäs* (Quark)

Pitter und Jupp – Eintopf aus Wirsing und Möhren, angereichert mit Mettwurstscheiben

Printen – dunkles Honigkuchengebäck aus Mehl und Kandis, vor allem in Aachen und Bad Münstereifel bekannt

Prummewärmp – süße Suppe aus Milch, getrockneten Pflaumen und Mehl mit Zimt

Wellkar – Pfannkuchen aus Buchweizenmehl, serviert mit eingemachtem Obst oder Rübenkraut

brennens: Die Pflege und Neuanlage von Streuobstwiesen steht hoch im Kurs, denn diese liefern ja schließlich den Stoff, aus dem die hochprozentigen Träume gemacht werden. Die beiden bekanntesten, auch europaweit zu den Besten zählenden und alljährlich mit vielen Goldmedaillen ausgezeichneten Eifel-Brennereien sind *Faber* in Ferschweiler und *Vallendar* in Kail.

Gastronomisch entwickelt sich in der Eifel gerade so einiges: Schniposa – Schnitzel mit Pommes und Salat – als einziges Gericht auf der Speisekarte hat langsam ausgedient. Inzwischen haben sich eine ganze Reihe Restaurants darauf spezialisiert, hochwertige Produkte aus der Region anzubieten. Und ganz bestimmt gilt nicht mehr die Spruchweisheit einer Eifler Bauersfrau aus dem 19. Jh.: „War die Kasse leer, musste ein billiges Süppchen her." Im Gegenteil: Für eine Suppe aus selbst gesammeltem Sauerampfer, einer kräftigen Hühnerbrühe, klein geschnittenem Hühnerfleisch, Kartoffelwürfeln, Butter, Eigelb und Sahne lohnt es sich, etwas tiefer in den Geldbeutel zu greifen.

Aus der Fülle der Restaurants zwischen Prüm und Mayen, zwischen Bitburg und Monschau ragen einige heraus, die von Gastrokritikern zu den besten Häusern in Deutschland gezählt werden. Dazu gehören das *Waldhotel Sonnora* in Dreis bei Wittlich, *Steinheuers Restaurant* in Heppingen und das Historische Gasthaus *Sanct Peter* in Walporzheim, das *Kurfürstliche Amtshaus* in Daun, *Kucher's Landhotel* in Darscheid und das *Seehotel Maria Laach*.

Eines jedoch sei nicht verschwiegen: Eifel-Reisende müssen immer wieder die Erfahrung machen, dass das Restaurant ihrer Wahl gerade dann einen Ruhetag hat, wenn sie vor

Federweißer aus dem Ahrtal – erfrischend, aber nicht lange haltbar

der Tür stehen. Besser, Sie fragen vorher telefonisch nach! Und bitte gehen Sie nicht zu spät zum Mittagessen: Zwischen 14 und 18 Uhr bleibt sonst oft nur der Gang in eine Imbissstube.

ADRESSEN FÜR GENIESSER

Ob Krimifan, Münzsammler oder Freund der guten Küche: Hier ist für jeden was dabei

> Was kauft man in der Eifel? Ist doch klar: Dinge des täglichen Bedarfs. In dieser ländlich geprägten Region wird noch so manches hergestellt, das daheim für Aha-Effekte sorgt: Essige und Öle, Brände und Schnäpse, Honig und Senf – der sogenannte Mühlensenf wird mittlerweile als richtiger Geheimtipp gehandelt *(Adressen regionaler Hersteller unter www.regionalmarke-eifel.de)*. Neben kulinarischen Genüssen gibt es eine kleine, aber feine Auswahl an handwerklichen Erzeugnissen wie Kerzen, Glasprodukte oder Spielzeug. Wer unterwegs die Augen offen hält, findet immer wieder ausgefallene Läden – oft dort, wo man sie gar nicht erwartet.

ANTIQUITÄTEN

Die Eifel ist ein Einkaufsrevier quer durch die Epochen: Originalmünzen aus der Römerzeit und spätrömische Öllampen finden sich bei *Treverica* in Trier *(Sternstraße 1 | www.treverica-trier.de)*. Wer dagegen altes Kaffeeservice, Art-déco-Schmuckdosen oder Jugendstilglas liebt, stöbert bei *Antiquitäten & Curiositäten Lück (Eschbachstraße 15, Monschau)*. Ebenfalls in der Monschauer Eschbachstraße, aber in Nr. 13, hortet Judith Henges in ihrem Laden *Unikat* ein Sammelsurium antiker Reisetaschen, vom Lederkoffer bis zur russischen Hutschachtel *(Sa/So 13-18 Uhr und nach Absprache | Tel. 024 72/55 82)*.

KULINARISCHES

Überall an den Straßen sieht man Hinweisschilder zu Bauernhofläden, die neben Obst und Gemüse auch Fleisch, Käse, Marmeladen oder Schnäpse aus eigener Herstellung verkaufen. Empfehlenswert sind der *Gröner Hof in Loogh (Mo/Mi/Fr 10–17, Sa 10–12.30 Uhr | www.eifel-groener.de)* und der Hof *Denkelseifen in Gerolstein (www.hof-denkelseifen.de)*.

Ein tolles Mitbringsel für Naschkatzen sind Printen: Ob klassische Kräuterprinte, knusprig-hart oder weich, mit weißer oder zartbitter Schokolade – frischgebacken gibt es die Spezialität zu

> EINKAUFEN

jeder Jahreszeit in Monschau im *Printenhaus Kiesbye (Rurstr. 12)* und im *Café Kaulard (Markt 8)* sowie in Bad Münstereifel im *Printenhaus (Trierer Str. 1 | www.printenhaus-portz.de)*.
Das Bitburger Land ist die Heimat der Schnapsbrennereien – mehr als 200 gibt es hier. An den Straßen findet man überall Hinweisschilder, wo man Obstbrände, Schlehengeister, Schnäpse und Liköre beim Erzeuger kaufen kann. Tipps auch unter www.eifeledelbrand.de
Weit über die Grenzen der Eifel hinaus bekannt ist die *Monschauer Senfmühle*: 18 verschiedene Senfsorten sowie eine große Auswahl an Eifler Feinkostprodukten findet man im dazugehörigen Senflädchen *(Laufenstraße 118 | www.senfmuehle.de)*.

KUNSTHANDWERK

Gehen wie ein Caesar? Kein Problem: Schustermeister Hans Binsfeld ist auf Replikate aus der Römerzeit spezialisiert – er fertigt auch aber Schuhe im Gegenwartsdesign *(Prälat-Benz-Str. 15 | Bitburg | www.binsfeld-replikate.de)*. Alles aus Wachs – z. B. Lavakerzen aus gesiebter Lavaasche – gibt es beim einzigen Wachsziehermeister der Eifel, bei *Kerzen Moll (Kurfürstenstr. 39, Manderscheid | www.kerzen-moll.de)*.

KRIMIS

Eine Fundgrube für Fans ist das *Krimi-Kabinett* in Hillesheim. Das Team beschafft auch handsignierte Ausgaben der regionalen Kriminalliteratur *(Buchhandlung Lesezeichen | Augustinerstr. 1 | www.lesezeichen-hillesheim.de)*.

SCHMUCK

Alles glitzert: Ausgefallenen Strass- und Modeschmuck bekommt man bei der Designerin Miranda Konstantinidou in Trier – auch Madonna trägt ihre Kollektionen. *(Fleischstr. 62 | www.konplott.de)*. Wer gern regionale Andenken am Leibt trägt: Schmuck aus Mayener Lavagestein und Eifler Mineralien schmiedet Rolf Schneider in Mayen *(Brückenstr. 9 | www.goldschmiedewerkstatt.com)*.

> SEEN, WÄLDER UND FACHWERK

Wildnis und künstliche Gewässer bestimmen die Landschaft rund um den Nationalpark Eifel

> Einsame Laubwälder, durch deren tief eingeschnittene Täler sich Bäche und kleine Flüsse schlängeln: So mag die Eifel vor langer Zeit einmal ausgesehen haben. Und so soll sie wieder aussehen – zumindest im Bereich des Nationalparks Eifel, der zwischen Gemünd, Nideggen und Simmerath die ursprüngliche Landschaft der Nordeifel und die Moorlandschaft des Hohen Venn erhalten soll. Der Naturschutz unterliegt hier besondern strengen Regeln: u. a. dürfen keine Straßen oder Häuser in der Landschaft gebaut werden. *(www.nationalpark-eifel.de)*

BAD MÜNSTEREIFEL

[110 A4] Als mittelalterliches Kleinod mit mächtiger Stadtmauer und schmucken Fachwerkhäusern präsentiert sich das Städtchen an der Oberen Erft (18 400 Ew.).

Bild: Hochmoor im Naturpark Hohes Venn

NORDEIFEL

Es geht auf eine Klostergründung der Abtei Prüm im Jahre 830 zurück. In der *Stiftskirche*, einer romanischen Pfeilerbasilika, ruhen die Gebeine des römischen Märtyrer-Ehepaares Chrysantus und Daria, weshalb sie jahrhundertelang Ziel vieler Wallfahrer war. Heute wallfahren die älteren Semester eher zu Heinos Rathaus-Café.

18 Wehrtürme und vier Tore umfasst die nahezu vollständig erhaltene Stadtmauer, für einen schönen Blick über die Stadt lohnt sich der Treppenaufstieg am *Heilsterbacher Tor*. Sehenswert sind auch das gotische *Rathaus* von 1476 und das *Heimatmuseum*, das 1167 erbaute und damit älteste Steinhaus vor Ort. Das Prädikat „Bad" bekam die Stadt erst 1967, nachdem sie bereits einige Jahre als Kneipp-Heilbad anerkannt war. Das bescherte Bad Münstereifel einen gewissen Wohlstand – und zwei Kurparks mit Wasser- und Freiluftspielen.

BAD MÜNSTEREIFEL

SEHENSWERT

APOTHEKENMUSEUM

Von 1806 bis 1994 konnte man hier Pillen und Zäpfchen kaufen, heute ist die ehemalige Schwanen-Apotheke ein Museum mit Originalinterieur aus dem 19. Jh. Apotheker Franz Maria Ferdinand Stephinsky erfand zwischen den alten Regalen einen Magenbitter, der bis heute nach altem Rezept hergestellt wird. Werbespruch aus dem Jahre 1850: „Willst im Alter du dich wie ein Jüngling regen, musst du den Magen mit Stephinsky pflegen!“ Immerhin wurde der Apotheker 94 Jahre alt. Zum Museum gehört auch ein Kräutergarten. *Di–Fr 14–17, Sa/So 11–16 Uhr | Eintritt 2 Euro | Werther Str. 13–15*

Keine Fenster, keine Blumenbeete, keine Marienstatuen: Die Bruder-Klaus-Kapelle in Wachendorf ist ein Ort der stillen Andacht – und das Werk eines Stararchitekten

ESSEN & TRINKEN

CAFÉ T

Herzhafte Gerichte und hausgemachte Kuchen in einer gemütlichen Wohnstube mit französischem Touch. *Tgl. 9–24 Uhr | Werther Str. 34 | Tel. 02253/88 46 | www.cafe-t.de* | €

EN DE HÖLL

Regionale Küche in der Fußgängerzone. *Mo geschl. | Orchheimerstr. 50 | Tel. 02253/68 62* | €

HEINOS CAFÉ

Nicht versäumen sollten Sie einen Besuch in Heinos Rathaus-Café. Der blonde Schlagersänger mit der Sonnenbrille schaut immer mal wieder vor Ort vorbei und plaudert mit den Gästen. Die Küche ist gut bürgerlich, besonders beliebt: Heinos Haselnusstorte. *Marktstr. 18 | Tel. 02253/66 50 | www.heino.de*

ÜBERNACHTEN

ERFTSCHLÖSSCHEN

Das Hotel garni liegt im Zentrum, aber idyllisch mit romantischem Garten an der Erft. *9 Zi. | Unnaustr. 8–10 | Tel. 02253/54 58 80 | Fax 54 58 81 | www.erftschloesschen.de* | €€

FREIZEIT & SPORT

EIFELBAD

Das weitläufige Erlebnisbad mit Innen- und Außenbecken, einer Riesenrutsche, Whirlpool und Sauna lädt ein zu vergnüglichen Stunden im nassen Element. *Mo 12–22, Di–Fr 11.30–22 Uhr (in den Ferien Mo–Fr ab 10, Sa 10–19, So 9–19 Uhr) | an der B 51 | www.eifelbad.com*

AUSKUNFT

STÄDTISCHE KURVERWALTUNG

Kölner Str. 13 (im Bahnhof) | Postfach 1240 | 53896 Bad Münstereifel | Tel. 02253/54 22 44 | Fax 54 22 45 | www.bad-muenstereifel.de

ZIELE IN DER UMGEBUNG

BRUDER-KLAUS-KAPELLE ★ [110 B3]

In Wachendorf (7 km nördlich von Bad Münstereifel) steht seit 2007 eine extravagante Kapelle mitten auf einem Acker. Gebaut vom Schweizer Stararchitekt Peter Zumthor im Auftrag eines Eifler Landwirts. Die Kapelle ist dem Schutzpatron Nikolaus von der Flüe (1417–1487) gewidmet, genannt Bruder Klaus. Das kleine Gotteshaus besticht durch seine außergewöhnliche Architektur und einen engen, 12 m hohen Innenraum mit Himmelsblick. *Di–So 9–17 Uhr, Mo an Feiertagen | in Wachendorf ausgeschildert, ab Parkplatz ca. 20 Minuten Fußweg.*

KOMMERN [109 F3]

Das *Rheinische Freilichtmuseum (April–Okt. tgl. 9–18, Nov.–März 10–16 Uhr, Führungen nach Voranmeldung | Eintritt 5,50 Euro | Auf dem Kahlenbusch | Tel. 02443/998 00),* 19 km westlich von Bad Münstereifel, zeigt bäuerliche Anwesen aus dem Rheinland, vor allem aus der Nordeifel. *www.kommern.lvr.de*

MARCO POLO HIGHLIGHTS

★ **Bruder-Klaus-Kapelle**
Ein Andachtsort mitten im Feld, gebaut von Peter Zumthor (Seite 33)

★ **Ahrquelle**
In einem Keller in Blankenheim entspringt der berühmte Rotweinfluss (Seite 34)

★ **Reifferscheid**
Eines der schönsten Burgdörfer der Eifel (Seite 36)

★ **Nationalpark Eifel**
Hier leben viele bedrohte Tierarten – wie Wildkatze, Biber und Uhu (Seite 38)

★ **Höhendörfer**
Alte Häuser hinter Windschutzhecken (Seite 38)

★ **Burg Nideggen**
Nur noch Ruinen erinnern an den früheren Prunk der Herzöge (Seite 39)

RADIOOBSERVATORIUM EFFELSBERG [110 C5]

Bei Effelsberg (10 km südöstlich von Bad Münstereifel) steht das größte Radioteleskop der Welt, das vom Max-Planck-Institut für Radioastronomie betrieben wird. Das „Ohr zum Weltall" besitzt eine Reflektoroberfläche von 100 m Durchmesser, mit der die Radiostrahlung aus dem Weltall empfangen wird. Das Teleskop liefert Daten zu Ursprung, Aufbau und Entwicklung des Universums. *(Besichtigung nach Voranmeldung | Tel. 02257/30 11 01)*

RÖMERTHERME ZÜLPICH [0]

28 km nördlich von Bad Münstereifel steht die besterhaltene römische Thermenanlage nördlich der Alpen. Nebenan im Museum für Badekultur kann man in 2000 Jahre Badegewohnheiten eintauchen. *Di–Fr 10–17 Uhr, Sa/So 11–18 Uhr | Mühlenberg 5, Zülpich | Eintritt 4 € | Tel. 02252/522 59*

Insider Tipp **TUCHFABRIK MÜLLER** [110 B2]

Als sich 1961 die Geschäfte der Tuchfabrik Müller verschlechterten, verriegelte Inhaber Kurt Müller einfach die Tore und ließ alles unberührt stehen – so, wie es am letzten Arbeitstag war. Knapp 50 Jahre später hat sich vor Ort fast nichts verändert. Nur, dass die alte Wolltuchfabrik in Euskirchen-Kuchenheim (14 km nördlich von Bad Münstereifel) heute ein Museum ist. Sogar die alten Dampf-, Spinn- und Webmaschinen laufen noch – bei den Führungen durchs Haus. *Di–So 10–17 Uhr | Eintritt 7 Euro | Carl-Koenen-Str. 25 | ww.nordeifeler.info/rim/*

BLANKENHEIM

[109 F6] **Die Burg der Blankenheimer Grafen prägt das Städtchen an der Ahrquelle (1400 Ew.). Anfang des 12. Jhs. erbaut, sind heute nur noch Ruinen von der einstigen Burgenpracht geblieben.** Neu entdeckt wurde vor einigen Jahren der 150 m lange Tiergarten-Tunnel, durch den eine Wasserleitung zur Versorgung der Burg verlief. Ein ausgeschilderter Wanderweg erschließt dieses einmalige Denkmal früher Technikgeschichte. Die alten Stadttore am Fuße der Burg, das Georgstor und das Hirtentor, sind ebenso erhalten wie das *Schmalste Haus,* das nur 2 m breit ist. In der Umgebung lockt der Freilinger See (4 km südöstlich von Blankenheim) zum Surfen, Bootfahren und Tauchen.

SEHENSWERTES

AHRQUELLE ★

Unterhalb des Zuckerbergs entspringt im offen zugänglichen Keller eines Fachwerkhauses die Ahr. Deren Verlauf kann bis zum Schlossweiher durch die Gassen des Städtchens verfolgt werden. Rund 700 l Wasser pro Minute sprudeln aus der Kellerquelle. Der Name stammt übrigens vom keltischen Wort *ar* für Quelle.

BURG BLANKENHEIM

Ältester Teil der einstigen Burg der Herren von Blankenheim ist der dreigeschossige Palas (Saalbau einer mittelalterlichen Burg) aus dem 12. Jh. Der Wohntrakt entstand erst im 20. Jh. auf den Fundamenten des vermutlichen Frauenhauses. Heute befindet sich in der Burg eine Jugendherberge; der Burghof kann besichtigt werden.

EIFELMUSEUM

Drei Fachwerkbauten dokumentieren die Geschichte der Eifel direkt an der Ahrquelle – von urzeitlichen Versteinerungen bis zu Werken des Eifelmalers Fritz von Wille. Mit Museumscafé (gute Quiches!). *Mai–Okt. So–Do 10–12.30, 14–17, Sa 14–17 Uhr, Nov.–April reduzierte Öffnungszeiten | Eintritt 2 Euro | Ahrstr. 57 | Tel. 02449/951 50 | www.eifelmuseum-blankenheim.de*

KARNEVALSMUSEUM

Im 1679 erbauten Georgstor zeigt das Museum die 400-jährige Geschichte des Blankenheimer Karnevals und des Geisterzugs. *Mai–Sept. alle 14 Tage So 11–13, 15–17 Uhr, Okt.–April jeden 1. So im Monat 11–13, 15–17 Uhr | Spende erbeten | Georgstor, Ahrstr. | Tel. 02449/871 12*

ESSEN & TRINKEN

CAFÉ LANDLUST

Bei Ute Rösgen köstliche Flammkuchen schlemmen und dabei in Büchern schmökern. *Klosterstr. 3 | Tel. 02449/917 91 90 | €*

ÜBERNACHTEN

HOTEL SCHLOSSBLICK

Angenehmes Hotel mit Aussicht auf Burg und Schlossweiher. Meerwasserthermalhallenbad. Restaurant mit Eifler Spezialitäten. *28 Zi. | Nonnenbacher Weg 2–6 | Tel. 02449/955 00 | Fax 95 50 50 | www.hotel-schlossblick.de | €€*

AUSKUNFT

VERKEHRSBÜRO BLANKENHEIM

Rathausplatz 16 | 53945 Blankenheim | Tel. 02449/872 22 | Fax 873 03 | www.blankenheim-ahr.de

Blankenheim: Unter dem Quellhaus (rechts, mit Fachwerkverzierung) entspringt die Ahr

ZIELE IN DER UMGEBUNG

HELLENTHAL

Die Staumauer der Oleftalsperre liegt am Ortsrand von Hellenthal (18 km nordwestlich von Blankenheim) und ist Ausgangspunkt für Wanderungen und Radtouren. Insgesamt gehören zu dieser Gemeinde 60 Ortschaften und Weiler (8800 Ew.). Der schönste davon ist ★ *Reifferscheid* [109 D6], dessen Burgruine auf das 11. Jh. zurückgeht. Die meisten Besucher kommen, um das *Wildfreigehege Hellenthal* [109 D5] mit seiner Greifvogelstation zu besuchen *(tgl. 9–18 Uhr, Greifvogelvorführungen 11, 14.30 und 16 Uhr | Eintritt 8 Euro | www.wildgehege-hellenthal.de).* Das Alte Zollamt im Ortsteil *Losheim* [112 C2] an der belgischen Grenze wurde zur *Ars Tecnica* *(Di–Fr 12–18, Sa/So 10–18 Uhr)* umgebaut, Europas größter digital gesteuerter Modelleisenbahn. Über 100 Züge rollen auf 2000 m Gleisen. Nicht weit davon befindet sich die *Krippana* *(tgl. 10–18 Uhr),* eine der bedeutendsten Krippensammlungen Europas. *www.ardenner-center.net*

Insider Tipp

Insider Tipp

KRONENBURG [113 D2]

Nur wenige Burgdörfer der Eifel sind so gut erhalten wie Kronenburg (20 km südwestlich von Blankenheim). Die Abgeschiedenheit des Dorfes, das hoch oben auf einem Berg liegt, und seine liebevoll restaurierten Häuser lassen mittelalterliches Lebensgefühl wach werden.

NETTERSHEIM [109 F5]

Bereits zweimal wurde Nettersheim (1800 Ew., 12 km nördlich von Blankenheim) von der Deutschen Umwelthilfe zur Bundeshauptstadt für Natur- und Umweltschutz gewählt. Hier begann einst die römische Wasserleitung nach Köln, deren Brunnenstube noch zu sehen ist. Römer und Kelten huldigten dem *Matronenheiligtum Görresburg,* zu dem sich ein Spaziergang lohnt. Auf den

Die Greifvogelwarte in Hellenthal bietet tägliche Flugvorführungen an

Äckern ringsum lassen sich versteinerte Korallen finden. Erster Anlaufpunkt ist das *Naturschutzzentrum Eifel (Römerplatz 8–10 | Tel. 02486/12 46 | Fax 20 30 48,)* mit umfangreichen Informationen und Museumsshop. *www.nettersheim.de*

MONSCHAU

[108 B4] **Viele Jahrhunderte hieß das erstmals 1198 erwähnte Städtchen im Tal der Rur nach einem französischen Herzog Montjoie. Erst Kaiser Wilhelm ordnete die eingedeutschte Version Monschau für die heute 13700 Ew. zählende Stadt an.** In der weitgehend erhaltenen historischen Altstadt, die sich zwischen der Burg und der Ruine des Hallerturmes drängt, begegnen sich Mittelalter und frühindustrielle Blütezeit. Insbesondere den Tuchfabrikanten sind zahlreiche prächtige Bürgerhäuser zu verdanken, die von vergangenem Wohlstand zeugen.

SEHENSWERTES

BRAUEREI-MUSEUM FELSENKELLER

Im historischen Brauhaus sind 150 Jahre Braukunst durch eine Sammlung alter Brauereigerätschaften dokumentiert. Im alten Gewölbekeller und im Biergarten wird das Zwickelbier nach Alt-Monschauer Art serviert. *Di–So 11–22 Uhr | Eintritt 3 Euro | St. Vither Str. 20–28 | www.brauerei-museum.de*

BURG MONSCHAU

Die Anfang des 13. Jhs. erbaute Burg wurde im Laufe der Zeit immer wieder umgestaltet. Schön ist der Blick auf das schiefergedeckte Städtchen. Im restaurierten Palas befindet sich heute eine Jugendherberge. *Nur Außenbesichtigung*

DRUCKEREI-MUSEUM

Im Ortsteil Imgenbroich wird die Geschichte des Buchdrucks von der Handpresse bis heute gezeigt. *So 13–16 Uhr, Gruppen nach Voranmeldung | Tel. 02472/98 29 82 | Eintritt 5 Euro | Am Handwerkerzentrum 16 | www.druckereimuseum-weiss.de*

HISTORISCHE SENFMÜHLE

Eine von Deutschlands letzten handwerklich betriebenen Senfmühlen stellt den „Moutarde de Montjoie“ und weitere 13 delikate Sorten her. *Senfherstellung Mi 11/14 Uhr, Besichtigung sonst nur nach Voranmeldung | Eintritt 3,50 Euro | Laufenstr. 118 | Tel. 02472/22 45 | www.senfmuehle.de*

ROTES HAUS

Das 1752 von der Tuchmacherfamilie Scheibler erbaute Rote Haus besteht aus dem *Haus zum Goldenen Helm* und dem *Haus zum Pelikan.* Besonders sehenswert ist die im Barockstil geschnitzte Wendeltreppe. *Karfreitag–Ende Nov. Di–So Einlass 10, 11, 14, 15 und 16 Uhr | Eintritt 2,50 Euro | Laufenstr. 10*

ESSEN & TRINKEN

HOTEL PERLENAU

Idyllisch im Waldtal des Perlenbachs gelegen. Regionale Küche, raffiniert zubereitet. *Tgl. | Perlenau 1 | Tel. 02472/22 28 | www.perlenau.de | €€*

HUBERTUSKLAUSE

Hoch über den Dächern der Monschauer Altstadt können sie eine Küche genießen, die auf regionale und hausgemachte Produkte setzt, z.B. gratinierten Eifellammrücken an Thymiansauce. Den schönsten Blick aufs Tal haben Sie von der Sonnenterrasse. *Mo/Di geschl. | Bergstr. 45 | Tel. 02472/80 36 50 | www.hubertus-klause-monschau.de* | €€

SCHNABULEUM

Speisen im liebevoll restaurierten Wohnhaus. Alle Gerichte mit Senf aus der benachbarten Mühle verfeinert. *Tgl. 12–14.30, 18–21.30 Uhr | Laufenstr. 118 | Tel. 02472/90 98 40 | www.senfmuehle.de* | €€

ÜBERNACHTEN

HOTEL BÜRGERHAUS MONSCHAU

Charmante Pension in der Altstadt. Nach Zimmern mit Blick auf die Rur fragen! *Stehlings 8 | Tel. 02472/80 36 57 | www.hotel-buergerhaus-monschau.de* | €

HOTEL HORCHEM

Mitten in der Altstadt liegt das denkmalgeschützte, 300 Jahre alte Fachwerkhaus. Die Rur rauscht neben der Terrasse vorbei. Uriges Familienzimmer unterm Dach. *16 Zi. | Rurstraße 14 | Tel. 02472/805 80, Fax 80 58 10 | www.hotel-horchem.de* | €€€

HOTEL LINDENHOF

Ruhiges Hotel am Rande der Monschauer Altstadt, mit Liegewiese und Terrasse, *12 Zi. | Laufenstr. 77 | Tel. 02472/41 86, Fax 31 34 | www.lindenhof.de* | €

FREIZEIT & SPORT

MOUNTAINBIKING

Geführte Mountainbike-Touren im und um den Nationalpark Eifel und im Naturpark Hohes Venn-Eifel. Wer auf eigene Faust losfahren will, kann hochwertige Mountainbikes ausleihen. *MTB-Guide-Eifel | Am Kirchrott 8, Monschau-Rohren | 02472/57 55 | www.mtb-guide-eifel.de*

WINTERSPORT

Ski alpin, Langlauf und Rodelbahn im Wintersportzentrum Rohren. Von April–Nov. ist auch die Sommerbobbahn geöffnet. *Rödchenstr. 37, Monschau-Rohren | Tel. 02472/41 72 (im Winter auch tgl. Schneelagebericht) | www.winterzentrum.de*

AUSKUNFT

MONSCHAU-TOURISTIK

Stadtstr. 16, 52156 Monschau | Tel. 02472/804 80 | Fax 45 34 | www.monschau.de

ZIELE IN DER UMGEBUNG

HÖHENDÖRFER ★ [108 B4–5]

Wie sich Häuser hinter meterhohen Windschutzhecken ducken, können Sie am besten in den zu Monschau gehörenden Höhendörfern *Höfen, Kalterherberg, Mützenich* und *Rohren* beobachten.

NATIONALPARK EIFEL ★ [108–109 C–E3–5]

Uhus, Schwarzstörche, Biber, Wildkatzen und über 460 gefährdete Tier- und Pflanzenarten haben inmitten von Wald, Wasser und Wildnis Rückzugsgebiete gefunden. Wanderer können den Nationalpark auf eigene Faust erkunden oder sich Rangern auf Urwaldpfaden anvertrauen. Das Nationalparkforstamt Eifel bietet Ranger-Touren und Familientage an. *Nationalparkforstamt Eifel | Urft-*

seestr. 34, 53937 Schleiden-Gemünd | Tel. 02444/951 00 | www.nationalpark-eifel.de. Gutbürgerliche Küche gibt es am Tor zum Park in der *Alten Molkerei* in Höfen. *Hauptstr. 72–74 | Tel. 02472/802 57 77 | www.alte-molkerei-hoefen.de*

RURTAL [108 B4–109 D3]
Einer der schönsten Abschnitte des Rurtals liegt zwischen Monschau und Einruhr. Die Wege eignen sich bestens zum Wandern und Radfahren. Das Tal ist so einsam, dass hier sogar seltene Vögel wie Mittelspecht und Schwarzstorch leben.

VOGELSANG [109 D4]
Mitten im Nationalpark Eifel, hoch über der Urfttalsperre, liegt die Ordensburg Vogelsang. Den Nazis diente sie als Kaderschmiede, nach dem Zweiten Weltkrieg wurde sie 55 Jahre lang von der belgischen Armee als Truppenübungsplatz genutzt. Mit dem Abzug des Militär begann die zivile Nutzung, seit 2006 ist Vogelsang für Besucher geöffnet. Der Umbau zum Nationalparkzentrum mit Jugendherberge und Dokumentationsstätte der NS-Zeit und der Nachkriegsgeschichte soll 2012 abgeschlossen sein. *Tägliche Rundgänge (90 min.) um 14, an Sonn- und Feiertagen 11/ 14 Uhr | 4 Euro | Tel. 02444/ 91 57 90 | www.vogelsang-ip.de*

NIDEGGEN

[109 D2] **Einem Ausflug zurück ins Mittelalter gleicht ein Besuch in der Stadt der Jülicher Grafen (3300 Ew.). Sie liegt malerisch auf einer Bergkuppe über dem Rurtal.** Rund um den historischen Marktplatz drängen sich schöne Patrizierhäuser. Unter der alten Dorflinde kann man ein wenig über vergangene Zeiten nachsinnen.

Im Schutz der Hecke liegt ein Bauernhof

SEHENSWERTES

BURG NIDEGGEN ★
Ende des 12. Jhs. ließ der Graf von Jülich die Trutzfeste Nideggen erbauen. Jahrhunderte blieb die Burg Stammsitz des Grafengeschlechts. Aus dem 14. Jh. stammt der bedeutendste gotische Rittersaal der Rhein-

provinz. Er ist 61 m lang und wird von zwei achteckigen Türmen begrenzt. Der sogenannte Damenerker des Westturms bietet phantastische Ausblicke. Neben der Burgkapelle befindet sich das Verlies, in dem sogar einige Kölner Erzbischöfe einsitzen mussten. Im Laufe der Zeit mehrfach zerstört, wurde die Burg im 20. Jh. wieder aufgebaut. Das Burggelände ist tagsüber kostenlos zugänglich. In einem Nebengebäude befindet sich das exklusive Burgrestaurant *Kaiserblick (Mo geschl. | Kirchgasse 1 | Tel. 02427/12 52 | www.burg-nideggen.de | €€€).*

Wer es beschaulich liebt, gönnt sich eine Tour mit der Rursee-Flotte

PFARRKIRCHE ST. JOHANN BAPTIST

Die Pfarrkirche wurde Ende des 12. Jhs. erbaut und beherbergt das prachtvoll aus rotem Sandstein geschlagene Doppelgrab von Wilhelm IV. und seiner Gemahlin Ricarda. Sehenswert sind die Wandgemälde aus dem 13. Jh. *Kirchgasse*

STADTTORE

Drei der ursprünglich vier trutzigen Stadttore sind noch erhalten: das Nickstor, das Dürener Tor und das Zülpicher Tor.

ESSEN & TRINKEN

SCHMIDTER BAUERNSTUBE

Gutbürgerliche Küche im Stadtteil Schmidt, 9 km vom Zentrum. *Mo geschl. | Heimbacher Str. 53 | Tel. 02474/449 | www.bauernstube.com | €*

ÜBERNACHTEN

HAUS SEEBLICK

Das höchstgelegene Hotel (480 m) im Kreis Düren im Ortsteil Schmidt liegt an der Rurtalsperre und ist ein idealer Ausgangspunkt für Wanderungen und Radtouren. *12 Zi. | Monschauer Str. 55 | Tel. 02474/311 | Fax 61 67 | www.seeblick-eifel.de | €*

AUSKUNFT

TOURISMUSZENTRALE RUREIFEL

An der Laag 4, 52396 Heimbach | Tel. 02446/80 57 90 | Fax 805 79 30 | www.rureifel-tourismus.de

ZIELE IN DER UMGEBUNG

ABENDEN [109 D2]

Ein malerischer Ort: Das alte Dorf, 3 km südlich von Nideggen gelegen, wird von einer kleinen Burg überragt. Sehenswert sind auch die schönen Fachwerkhäuser.

HEIMBACH [109 D–E3]

Der Ort an der Staumauer der Talsperre Schwammenauel liegt im Rurtal (4600 Ew., 8 km südlich von Nideggen). Gekrönt wird das Städtchen von der *Burg Hengebach,* deren Außenanlagen frei zu besichtigen sind. Die Pieta aus dem Jahre 1471 in der *Salvatorkirche* ist bis heute Ziel von Marienwallfahrten. Anziehungspunkt in der Kirche *St. Clemens* ist ein barocker Hochaltar.

RURTALSPERRE SCHWAMMENAUEL [109 D3]

Die zweitgrößte Talsperre Deutschlands (11 km südlich von Nideggen) lässt sich per Boot erkunden. Von Ostern bis Ende Oktober verkehrt die Rursee-Flotte *(www.rursee-schifffahrt.de)* auf dem See. Die Schiffe fahren zwischen der Staumauer Schwammenauel über Schmidt-Eschauel (Badestrand), zum Kermeterufer (Ausgangspunkt für Wanderungen im Kermeter-Wald) nach Woffelsbach und Rurberg. Von Rurberg bis zur Staumauer führt ein schöner Wander- und Fahradweg am Seeufer entlang. In Rurberg können Sie in die auf dem Obersee verkehrenden Elektroschiffe nach Einruhr umsteigen. Hungrige sollten das *Genießerwirtshaus* (Insider Tipp) *(Hövel 15 | Simmerath-Rurberg | Tel. 02473/3212 | www.geniesserwirtshaus.de)* aufsuchen. Wer über Nacht bleiben mag, steigt im *Hotel Paulushof (Seeufer 10 | Rurberg | Tel. 02473/949 50, Fax 4612 | www.eifellive.de/paulushof | €€)* ab und fragt nach den Zimmern mit Seeblick.

> LOW BUDGET

- Sämtliche Führungen der Ranger durch den Nationalpark Eifel sind kostenlos. Beispiel: jeden So 13 Uhr über die Dreiborner Hochfläche zur Wüstung Wollseifen. *Start am Forum Vogelsang | Dauer ca. 3 Std.*
- Hunger? Dann auf ins *Genießerwirtshaus (Hövel 15, Simmerath-Rurberg | Tel. 02473/32 12).* Sonntags findet dort das „Resteessen" der Woche statt. Für 12,50 Euro gibt es ein köstliches Drei-Gänge-Überraschungsmenü. Unbedingt reservieren!
- Die *Bad Münstereifel-Card* bietet für 15 Euro ermäßigten Eintritt in Museen, eine Gratis-Stadtführung (Sa 11.30 Uhr) und Gutscheine für ein Mittagessen, Kaffee & Kuchen. *Kurverwaltung im Bahnhofsgebäude | Kölner Str. 13* und *Touristeninformation im Apothekenmuseum | Werther Straße 13–15*

> UNTERWEGS AUF DEN SPUREN DER RÖMER

Wo Sagen in alten Mauern raunen und sich die Naturgewalten ihre Bahn brechen, ist Abenteuerurlaub angesagt

> Tief eingeschnittene Täler, einsame Wälder und bizarre Felsenlandschaften prägen die Westeifel. Die Region eignet sich daher bestens für Outdoor-Abenteuer: vom Kanufahren bis zum Klettern, vom Wandern bis zum Survival.
Das Klima bestimmt der Höhenzug der Schneifel mit dem Schwarzen Mann (697 m). Die Schneifel geht nach Süden in die Hochfläche des Islek über. Im Windschutz des rauen Schneifel-Kamms wird das Wetter milder und fördert das fruchtbare Bitburger Gutland. Im Flusstal der Prüm gedeiht sogar Hopfen.

BITBURG

[119 E3] **Heute ist Bitburg (13 000 Ew.) Verwaltungsmittelpunkt und Wirtschaftszentrum der gesamten Westeifel. Bis 1994 waren auf der Air Base US-Truppen stationiert.** Seit deren Abzug haben sich auf dem ehemaligen Flugplatzgelände so

Bild: Blick auf Trier

WESTEIFEL

viele Betriebe angesiedelt, dass es mehr Arbeitsplätze gibt als vor dem Abzug. Sportschule, Kneipen und Diskos auf dem früheren Militärgelände haben sich zum Anziehungspunkt für junge Leute entwickelt.

Zu Zeiten des Römischen Reiches hieß Bitburg noch *Beda vicus* und genoss strategische Bedeutung als erste Tagesetappe an der Heerstraße zwischen Trier und Köln. Kaiser Konstantin ließ die Siedlung um 330 zu einem befestigten Kastell ausbauen – so wurde Beda zu Bitburg. Ein archäologischer Rundweg, der am Rathaus beginnt, führt zu den Überresten der Römerzeit.

SEHENSWERTES

BITBURGER BRAUEREI ★

Bereits 1817 wurde in Bitburg das erste Bier gebraut. Das Pils zeichnet sich durch aromareichen Hopfen und feinherben Geschmack aus. Aus der einstigen Simonbrauerei wurde ein weltweit operierendes Unternehmen, das bis heute in Familienbesitz ist. Auf dem alten Brauereigelände in der Stadtmitte kann man alles über Bier erfahren. Gebraut wird heute in den modernen Hallen im Süden der Stadt. *Brauereibesichtigung Mo–Sa nach Voranmeldung | Kosten 8,50 Euro | Tel. 06561/14 24 97 | Römermauer 3 | www.bitburger.de*

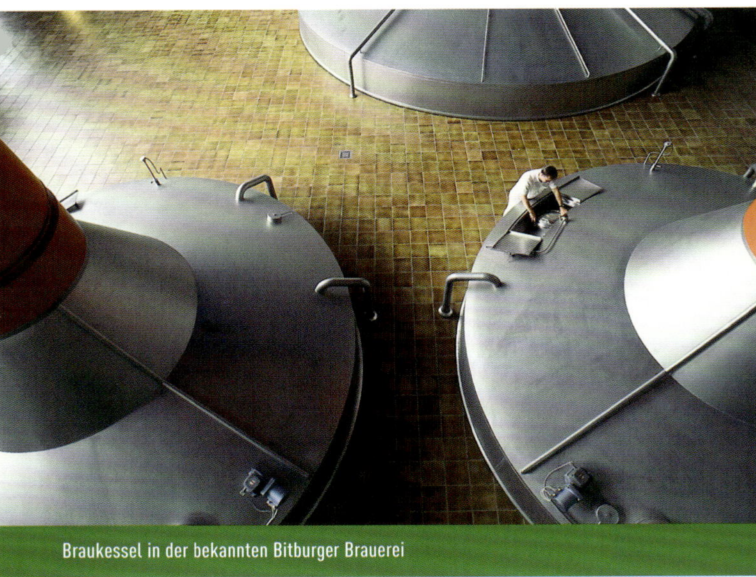
Braukessel in der bekannten Bitburger Brauerei

HAUS BEDA
Das Kulturhaus beherbergt neben der Bücherei eine bedeutende Sammlung von Plastiken und Gemälden der Künstler des Eifel-Ardennen-Raums. Der Eifelmaler Fritz von Wille (1860–1941), der der Düsseldorfer Schule zugerechnet wird, ist mit über 80 Bildern vertreten. *Di 14–17 Uhr oder nach Vereinbarung | Tel. 06561/964 50 | Eintritt 2 Euro | Bedaplatz*

KREISMUSEUM BITBURG-PRÜM
Im *Alten Gymnasium,* 1882 im preußischen Stil errichtet, wird in 20 Ausstellungsräumen die Geschichte der Region dargestellt. *Jan.–Feb. Sa/So 14–17, März–Dez. Mi–Mo 14–17, April–Sept. auch Mo/Mi/Do/Fr 10–13 Uhr | Eintritt 2 Euro | Trierer Str. 15 | www.kreismuseum-bitburg-pruem.de*

RÖMERMAUER
An der Römermauer unterhalb des Rathauses ist die Befestigung des ehemaligen Kastells noch gut zu erkennen. Nur die ehemals 13 Rundtürme gibt es nicht mehr.

ESSEN & TRINKEN

EIFELER KUHSTALL

Die Einrichtung ist eine Mischung aus Kuhstall und Milchküche: eigenwillig. Serviert werden argentinische Steaks und Eifler Gerichte. *Tgl. | Karenweg 13 | Tel. 06561/47 71 | www.eifeler-kuhstall.de | €€*

ÜBERNACHTEN

EIFELBRÄU

Familiäres Hotel im Zentrum mit gutem Restaurant. *32 Zi. | Römermauer 36 | Tel. 06561/91 00 | Fax 91 01 00 | www.eifelbraeu.de | €€€*

SCHLOSS HAMM

Schlafen bei den Grafen: Vermietet werden Wohnungen für sechs bzw. acht Personen. Die mittelalterliche Wehranlage liegt mitten im Wald und in der Nähe des Bitburger Stausees. *Tel. 06569/96 35 36, Fax 96 30 79 | www.schlosshamm.de | €€–€€€*

ZUM SIMONBRÄU

Wo 1817 das erste Bitburger gebraut wurde, kann man es auch heute noch trinken. Eine kupferne Sudpfanne wurde zur Theke umgebaut. In der Braustube werden rustikale Gerichte wie das Bierkutschersteak angeboten. Wer zu tief in Glas schaut, kann im stilvollen Ambiente übernachten. *5 Zi. | Am Markt 7 | Tel. 06561/33 33 | www.simonbraeu.de | €€€*

FREIZEIT & SPORT

CASCADE-ERLEBNISBAD

Hallenbad mit Whirlpools, Außenbecken, Solarien und Dampfbädern. *Talweg 4 | Tel. 06561/968 30 | www.cascade-bitburg.de*

FUN PARK

Eislaufen auf 1800 m^2 in der Eissporthalle Bitburg. Im Sommer Inlineskating, Klettern und Trampolinspringen im Fun Park. *Südring 10 | Tel. 06561/84 47 | www.eissporthalle-bitburg.de*

KARTBAHNEN

Motorpark mit Kartbahn auf dem Flugplatz Bitburg. *Tel. 06561/94 20 00 | www.kartbahn-bitburg.de*

AUSKUNFT

TOURIST-INFORMATION BITBURGER & SPEICHERER LAND

Im Graben 2, 54634 Bitburg | Tel. 06561/943 40 | Fax 94 34 20 | www.bitburg.de, www.eifel-direkt.de

ZIELE IN DER UMGEBUNG

DUDELDORF [119 F2–3]

Der kleine Ort (1200 Ew.) liegt etwa 10 km östlich von Bitburg. Sein male-

MARCO POLO HIGHLIGHTS

★ Bitburger Brauerei
Vom Familienunternehmen zum weltweiten Bierlieferanten (Seite 43)

★ Irreler Wasserfälle
Ein tosendes Schauspiel der Natur (Seite 46)

★ Abtei Prüm
Eines der bedeutendsten Klöster im deutschen Sprachraum (Seite 49)

★ Porta Nigra
Kolossales Stadttor aus der Römerzeit in Trier (Seite 52)

rischer Kern schmiegt sich an eine nicht vollständig erhaltene Stadtmauer. Die marode Burg Dudeldorf, ein Herrenhaus aus dem 18. Jh., wird derzeit renoviert. Getreu des Ortsnamens gibt es außerdem seit 1996 eine Dudelsackformation nach schottischem Vorbild *(Termine: www.dudeldorflion.homepage.t-online.de)*. Im rustikalen Turm der *Torschänke* werden feine saisonale Gerichte aufgetischt. *Do–Di | Philippsheimerstr. 1 | Tel. 06565/20 24 | www.torschaenke-dudeldorf.de* | €–€€

FERSCHWEILER PLATEAU **[118–119 C–D4–5]**

Stonehenge der Eifel wird die Felsenfestung, 14 km südwestlich von Bitburg, manchmal genannt. Das 8 km lange und 5 km breite Plateau war in der Bronzezeit mit Wallanlagen befestigt. Mehrere *Menhire* (Kultsteine) wurden vor 5000 Jahren in jener Megalithkultur errichtet, die auch Stonehenge hervorbrachte. Der größte Menhir ist das *Fraubillenkreuz*. Der Echternacher Abt Willibrord ließ den Kultstein zu einem Kreuz ummeißeln, um mit dem christlichen Symbol „die heidnischen Götter zu vertreiben".

Am Fuße des Plateaus liegen im Tal der Prüm die ★ *Irreler Wasserfälle* **[119 D5]**, die schönsten Kaskaden der Eifel. Von dort führt ein Weg zur *Teufelsschlucht* und einer Naturerkundungssation *(www.teufelsschlucht.de)*. Ein weiterer Anziehungspunkt sind die Ruinen der *Prümerburg* bei Prümzurlay **[119 D4–5]** aus der Zeit Karls des Großen. *Tourist-Information | 54666 Irrel | Tel. 06525/791 15 | Fax 792 44 | www.irrel.de*

HÜTTINGEN BEI LAHR **[118 B/C3]**

Freunde von Gusseisernem kommen im privaten *Ofen- und Eisenmuseum* auf ihre Kosten. Familie Lukas ist Feuer und Flamme für alte Öfen und hat auf ihrem Hof 27 km westlich von Bitburg deshalb alles zusammengetragen, was mit dem Thema in Verbindung steht *(Juni–Okt. Di–So 14–18, März–Mai Fr–So 14–18 Uhr | Eintritt 3 Euro | Am Römerberg 10 | www.ofen-und-eisenmuseum.de)*. In der originalgetreuen Ofenstube werden frisch gebackene Waffeln aus dem Gusseisen und deftige Schinkenplatten aufgetischt. Ein empfehlenswertes Restaurant mit einfallsreicher Regionalküche gibt es im Nachbarort Sinspelt: *Auberge Altringer | Neuerburger Str. 4 | Tel. 06522/712 | www.auberge-altringer.de* | €€

KÖRPERICH **[118 B3]**

Die Gemeinde Körperich im Gaybachtal (1100 Ew.), 18 km westlich von Bitburg, ist bekannt wegen ihrer Gutshäuser *Schloss Kewenig (nicht zu besichtigen)* und *Schlossgut Petry* mit dem so genannten Tapetenzimmer aus der Maria-Theresien-Zeit *(auf Anfrage zu besichtigen | Tel. 06566/930 23)*. Ein Bau der modernen Zeit ist das futuristische *Umweltinformationszentrum Gaytal-Park (März–Okt. tgl. 11–18 Uhr | Eintritt 2,50 Euro | www.gaytalpark.de)*. Es informiert über die Nutzung von Sonnen- und Windenergie sowie von Regenwasser. Übernachten im Heu, aber auch in Bauernbetten und rustikal essen kann man im *Landgasthof Hinkelshof (7 Zi. | Ortsteil Seimerich, Hauptstr. 14 | Tel. 06566/930 46 | Fax 930 47 | www.hinkelshof.de | €)*.

KYLLBURG [119 F1]

Im eng eingeschnittenen Tal der Kyll liegt der Kurort Kyllburg (1000 Ew.), 10 km nördlich von Bitburg. Ein Spaziergang führt Sie in wenigen Minuten von der Kyllbrücke hinauf auf den Stiftsberg. Nur der Bergfried ist übrig geblieben von der 1239 erbauten Burg, die einst Kurtrier gegen Luxemburg schützen sollte. Beeindruckend ist die etwas später erbaute *Stiftskirche in Kyllburg*. Mit ihrem Kreuzgang verkörpert sie das Idealbild eines mittelalterlichen Sakralbaus. Die drei Chorfenster aus dem 16. Jh. stellen in farbigem Glas das Leben Christi dar.

In einer Kyllschleife flussaufwärts thront ✱ *Schloss Malberg* über dem Tal. Die Anlage des venezianischen Architekten Matteo Alberti wird zurzeit aufwändig restauriert. *Führungen von Mai–Okt. Sa 4.30 Uhr | 4 Euro. Tourist-Information Kyllburger Waldeifel | 54655 Kyllburg, Hochstr. 19 | Tel. 06563/93 02 43 | Fax 93 02 44 | www.kyllburg.de*

NATURCAMP EIFEL [119 F3–4] Insider Tipp

Im 8 km südöstlich von Bitburg gelegenen Ort Speicher bietet das Naturcamp Kanutouren, Survivaltraining, Klettern und Naturmeditation an. *Speicher-Mühle 4 | Tel. 06562/ 93 26 26 | Fax 93 26 27 | www.eifel-naturcamp.de*

RÖMISCHE VILLA OTRANG [119 E2] Insider Tipp

Anfang des 19. Jh. wurden beim Dorf Fließem (5 km nördlich von Bitburg) auf einem Acker Mosaiksteinchen gefunden. Ausgrabungen brachten Mauerreste eines antiken römischen Landgutes zu Tage. Teile

Irreler Wasserfälle: Ganz Mutige können hier sogar baden gehen

der bis ins 4. Jh. bewohnten Villa wurden rekonstruiert. Sie zeigen die Ausstattung der 66 Zimmer mit Bädern, Fußbodenheizung und Mosaiken. Nirgendwo in der Eifel kann man sich ein besseres Bild vom römischen Landleben machen. Das Wort Villa ist allerdings irreführend: Villen waren für die Römer nichts anderes als Bauernhöfe unterschiedlicher Größe. *April–Sept. 9–18 Uhr, am ersten Werktag jeder Woche und Dez., Jan. geschl., sonst reduzierte Öffnungszeiten | Eintritt 2,10 Euro | Tel. 06569/807 | www.villa-otrang.de*

>LOW BUDGET

- Günstiger durch Trier geht es mit der *Sammeleintrittskarte* für alle römischen Besichtigungsstätten. Statt je zwei Euro zahlt man für Porta Nigra, Kaiser- und Viehmarktthermen, Amphitheater, Villa Otrang und die Klause Kastel nur einmalig 6,20 Euro. Erhältlich an den jeweiligen Kassen.
- Vom Hundeseminar bis zur GPS-Rallye: Im *Youtel 1202* in Bitburg kann man nicht nur günstig übernachten, sondern auch Programmebausteine buchen. Das Jugendhotel ist auf Gruppen ausgelegt, bietet aber auch Zimmer für Einzelreisende. *67 Zi. | Westpark 10 | Tel. 06561/94 44 10 | Fax 94 44 20 | www.youtel.de*
- Einen Steinkrug – oder besser Viezporz – voll Apfelwein (eben den Viez) oder Apfelsaft füllt das *Alte Pfarrhaus* in Auw besonders günstig: 0,4 l kosten in dem Gasthaus nur 1,60 Euro. *Altes Pfarrhaus, Auw an der Kyll | Marienstraße 16 | www.pfarrhaus-auw.de*

SCHLOSS WEILERBACH [118 C5]

Ein vorbildlich restauriertes Rokokojuwel (8 km von Irrel). Das Schloss ist größtenteils vermietet und deshalb innen nicht zu besichtigen. Die Parkanlage ist aber frei zugänglich, und es gibt ein hübsches Museumscafé in der früheren Remise *(Ostern–Mitte Okt. 11–18, sonst nur So. ab 13 Uhr | Tel. 06526/13 33).*

STAUSEE BITBURG [119 D2]

Wassersportfans kommen am idyllisch gelegenen Stausee bei Biersdorf (10 km westlich von Bitburg) auf ihre Kosten. Umgeben von bewaldeten Höhen, können sie rudern, paddeln, surfen und angeln. Quartier bietet das familiär geführte *Hotel Theis-Mühle* mit hauseigener Konditorei und Biergarten *(17 Zi. | Mühlenstr. 4, Biersdorf am See | Tel. 06569/967 70 | Fax 96 77 77 | www.theismuehle.de | €€).*

PRÜM

[113 D4] Waldstadt – mit diesem Beinamen schmückt sich Prüm (5400 Ew.), denn von hier ist es nicht weit bis zu den dunklen Wäldern des Schneifel-Kamms. Die etwas verschlafen wirkende Stadt wird noch immer geprägt von der ehemaligen Reichsabtei. Das 721 gestiftete Kloster – Hauskloster der Karolinger – war so reich ausgestattet, dass es *Goldene Kirche* genannt wurde. Es birgt auch das einzige Kaisergrab der Eifel: Der Enkel Karls, Kaiser Lothar I., trat kurz vor seinem Tod als Mönch ins Kloster ein und fand seine letzte Ruhestätte im Chor der Kirche. Zu jener Zeit bildete Prüm das Zentrum eines kleinen Klosterstaates, der mächtiger war als

Fußbodenmosaik in der römischen Villa Otrang

das Bistum Trier. Erst im 18. Jh. musste sich Prüm endgültig der Vormacht Triers beugen.

SEHENSWERTES

ABTEI PRÜM ★

Das prachtvoll verzierte Abteigebäude trägt die Handschrift des berühmten süddeutschen Barockarchitekten Balthasar Neumann. Jahrzehntelang wurde im Auftrag des Erzbischofs gebaut, bis man 1765 die Vollendung aufgab. Kurz darauf wurden die Gebäude unter Napoleon säkularisiert. Der prunkvolle Kurfürstensaal ist nur während der *Sommerferien in Rheinland-Pfalz (tgl. 9–17 Uhr)* zu besichtigen. Heute befindet sich im Gebäude ein Gymnasium. *Hahnplatz*

BASILIKA

Die *Goldene Kirche* der Karolinger wurde 1721 bis auf einen Turm abgerissen und durch einen Neubau, die heutige Basilika, ersetzt. Der dreischiffige Bau gefällt durch seine barocken Formen. Heftige Diskussionen löste 1994 der neue Farbanstrich der Kirche aus: Statt des gewohnten Weiß präsentiert sich die Basilika seither in Rotocker, ohne dass es dafür einen historischen Beleg gibt. Im Innern fallen das reich verzierte Chorgestühl sowie das schlichte Grabmal des Kaisers Lothar I. auf. Insider Tipp

INFOSTÄTTE MENSCH UND NATUR

Einmalige Fossiliensammlung aus der Region. *Di/Do 13.30–16.30, Mai–Sept. auch So 15–17 Uhr | Eintritt frei | Tiergartenstr. 70*

MUSEUM PRÜM

Alles zum bürgerlichen und bäuerlichen Leben seit dem 18. Jh. Sehenswert sind ein eifeltypischer Tante-Emma-Laden und eine Dorfkneipe. *Juni–15. Sept. Di/Do/So 14–17, 16. Sept.–Mai Mi und So 14–17 Uhr | Einritt 1 Euro | Tiergartenstr. 54*

ESSEN & TRINKEN

ZUR ALTEN ABTEI

Direkt beim Abteigebäude liegt das gemütliche Restaurant, dessen schönes Dekor aus bayerischer Astfichte geschnitzt wurde. *Mi geschl. | Hahnplatz 24 | Tel. 06551/23 60 | www.zur-alten-abtei.de | €*

ÜBERNACHTEN

LANDHOTEL AM WENZELBACH

Ruhig gelegenes Komforthotel am Stadtrand. Gute, auch vegetarische Küche und Eifler Gerichte. *17 Zi. | Restaurant Do geschl. | Kreuzer Weg 30 | Tel. 06551/953 80 | Fax 95 38 39 | www.wenzelbach.de | €€€*

AUSKUNFT

TOURIST-INFORMATION PRÜMER LAND

Hahnplatz 1, 54595 Prüm | Tel. 06551/505 | www.pruem.de

TRIER

[119 F6] Die älteste Stadt Deutschlands (100 000 Ew.) hat viel zu bieten. Sie können mitten in einem römischen Amphitheater stehen und sich vorstellen, wie die Gladiatoren gekämpft haben. Sie können auf das größte römische Stadttor nördlich der Alpen klettern, die Porta Nigra. Und Sie können erleben, wie moderne und antike Architektur eine Symbiose eingehen: Auf dem Viehmarkt schützt der Glaswürfel des Stararchitekten Oswald Mathias Ungers die Ruinen einer Thermenanlage – Vitrine nennen die Trierer den Bau etwas respektlos. Auf dem Freihof vor dem mächtigen Dom werden zwei Jahrtausende Kulturgeschichte des Abendlandes lebendig. Zugleich ist das geschichtsträchtige Trier eine jugendliche Stadt. Die Studenten der Universität sorgen dafür, dass in Kneipen und Bistros, auf Plätzen und Bühnen immer etwas los ist. Im Zentrum der Altstadt liegt der Hauptmarkt. Er gilt als Triers gute Stube und ist bei Festen stets Mittelpunkt des Geschehens.

Schon vor den Römern gab es eine keltische Siedlung vom Stamm der Treverer in der Talweite der Mosel. 16 v. Chr. gründete der römische Kaiser Augustus die *Augusta Treverorum,* die Augustus-Stadt der Treverer. Vom 2. bis 4. Jh. entstanden die römischen Bauten, deren Überreste noch heute beeindruckend sind: die Porta Nigra, das Amphitheater, die Basilika und die Kaiserthermen. Roma Secunda, das Zweite Rom, wurde Trier genannt, war es doch ab 285 Hauptstadt des römischen Westreiches.

Mehr zur Historie erfahren Sie bei Stadtrundgängen unter dem Motto „Zweitausend Schritte gleich zweitausend Jahre“ *(April–Ende Okt. tgl. 10.30 und 14.30 Uhr ab Tourist-Information, Porta Nigra)* sowie bei Stadtrundfahrten *(März–Okt. tgl. 11/12/13/14 Uhr ab Porta Nigra).* Informationen zu Trier und Umgebung finden Sie auch im MARCO POLO Band „Mosel“.

SEHENSWERTES

AMPHITHEATER

Um das Jahr 100 errichtet, ist es das älteste Bauwerk Triers. Es fasste 20 000 Zuschauer und war Schauplatz blutiger Kämpfe zwischen Menschen, Tieren und auch Gladiatoren. Ein besonderes Erlebnis ist eine abendliche Führung mit dem Gladiator Valerius (dargestellt von einem Schauspieler) durch Katakomben und Kampfstätten *(Anmeldung Tel. 0651/97 80 80). Öffnungs-*

zeiten und Eintritt wie Kaiserthermen, Olewiger Straße | www.erlebnisfuehrungen.de

BASILIKA

Zwischen 305 und 311 unter Kaiser Konstantin errichtet, beeindruckt der Hallenbau durch seine riesigen Ausmaße. Der kaiserliche Thronsaal wird heute als evangelische Kirche genutzt. *April–Okt. Mo–Sa 10–18, So 12–18, Nov.–März Di–Sa 11–12, 15–16, So 12–13 Uhr | Eintritt frei | Konstantinplatz*

DOM

Die Doppelkirchenanlage Dom St. Peter und Liebfrauen geht auf die römische Zeit zurück, als hier ein Kaiserpalast stand. Es ist die älteste Bischofskirche Deutschlands. Der Dom beherbergt den *Heiligen Rock* – eine Reliquie, die Fragmente der Tunika Christi enthalten soll. *Nov.–März tgl. 6.30–17.30, April–Okt. tgl. 6.30–18 Uhr | Domfreihof Eintritt frei | Führungen: Tel. 0651/979 07 90 | www.dominformation.de*

Mitten in Deutschlands ältester Stadt: Brunnen am Hauptmarkt von Trier

KAISERTHERMEN

Der Bäderpalast wurde um 300 unter Kaiser Konstantin begonnen, aber nie fertiggestellt. Jedes Jahr finden im historischen Gemäuer die Antikenfestspiele statt – im Jahr 2009 hat der Stadtvorstand jedoch eine Spielpause beschlossen. *April–Sept. tgl. 9–18, Okt. und März tgl. 9–17, Nov.–Feb. 9–16 Uhr | Eintritt 2,10 Euro | Kaiserstr./Ecke Weberbach | www.burgen-rlp.de*

PORTA NIGRA ★

Das Wahrzeichen der Stadt Trier stammt aus dem 2. Jh. und war Teil einer gewaltigen Stadtmauer. Es ist die größte noch erhaltene Torburg aus römischer Zeit nördlich der Alpen. Im 11. Jh. wurde das Tor zum Kern einer „Kirchenburg", die in napoleonischer Zeit wieder abgetragen wurde. *Öffnungszeiten wie Kaiserthermen, Porta-Nigra-Platz*

RÖMERBRÜCKE

Von der ältesten Brücke Deutschlands sind noch die Pfeiler aus dem 2. Jh. erhalten, die mit Basaltquadern verkleidet wurden. Die Brückenbögen stammen vom Beginn des 18. Jhs. Ein Rätsel bleibt, warum die Brücke im Zweiten Weltkrieg nicht von den Nationalsozialisten gesprengt wurde – wie es anderenorts geschah. So konnten die Amerikaner am Morgen des 2. Mai 1945 über die unzerstörte Brücke nach Trier gelangen.

KARL-MARX-HAUS

Im Geburtshaus des Philosophen und Sozialisten, einem barocken Bürgerhaus, sind Dokumente zum Leben und Wirken des Begründers der modernen Arbeiterbewegung ausgestellt. *15. April–Okt. Mo–So 10–18, Nov.–März Mo 14–17, Di-So 10–13 und 14–17 Uhr. | Eintritt 3 Euro | Brückenstr. 10*

Wo der Vater des Kommunistischen Manifests geboren wurde: Karl-Marx-Haus (Modell)

RHEINISCHES LANDESMUSEUM

Alle wichtigen Funde aus der Vorgeschichte, der Römerzeit und dem

Mittelalter sind hier versammelt. Sie stammen aus dem Teil der Eifel, der einst zum Kurfürstentum Trier gehörte. *Di–So 9.30–17.30 Uhr | Eintritt 3 Euro | Weimarer Allee 1*

ESSEN & TRINKEN

BAGATELLE

Im alten Fischerviertel *Zurlauben* direkt am Moselufer gelegen. *Tgl. | Zurlaubener Ufer 78 | Tel. 0651/297 22 | www.bagatelle-trier.com | €€€*

WEINSTUBE KESSELSTATT

Insider Tipp

Moselfränkische Weinstube gegenüber dem Dom. *Mo geschl. | Liebfrauenstr. 10 | Tel. 0651/402 04 | www.weinstube-kesselstatt.de | €€€*

WALDERDORFF´S

Vinothek, Café und Club unter einem Dach: Im stilvollen Obergeschoss stehen 200 Weinen zum Ausschank bereit. Im Erdgeschoss werden im Kaffeehausambiete Speisen und Getränke serviert, während im schicken Barockkeller gefeiert wird – immer dienstags z. B. ab 19 Uhr Live-Jazz *Domfreihof 1a, Tel. 0651/994 44 12 | www.walderdorffs.de | €€–€€€*

ÜBERNACHTEN

HILLES HOSTEL

Familiäres Hostel in der Innenstadt, auch Mehrbettzimmer. *10 Zi. | Gartenfeldstr. 7 | Tel. 0651/710 27 85 | www.hilles-hostel-trier.de | €*

STADTWALDHOTEL GILLENBACH

Das Landhotel am Eifelsteig wurde frisch renoviert – ideal für Wanderer. Idyllischer Garten mit mediterranem Flair und Außengastronomie. Restaurant mit feiner regionaler Küche. *36 Zi. | Am Gillenbach 12 | Tel. 0651/84 08 40 | Fax 840 84 10 | www.stadtwaldhotel.de | €€*

ZUM CHRISTOPHEL

Insider Tipp

Altes Patrizierhaus bei der Porta Nigra. Vom Bett in Zimmer 41 schaut man in den Himmel. *11 Zi | Simeonstraße 1 | Tel. 0651/979 42 00 | Fax 840 84 10 | www.zumchristophel.de | €€€*

AUSKUNFT

TOURIST-INFORMATION TRIER

An der Porta Nigra, 54290 Trier | Tel. 0651/97 80 80 | Fax 978 08 88 | www.trier.de

> BLOGS & PODCASTS

Die besten Tagebücher und Files im Netz

- *www.wander.blog.de* – Routenbeschreibungen und Tipps von einem Mittdreißiger aus Köln
- *http://de.wordpress.com/tag/eifel* – Ein Querschnitt aus Veranstaltungshinweisen, Nachrichten und Artikeln aus und über die Eifel
- *http://blog.volksfreund.de* – Jeder kann auf der Blog-Site des Trierischen Volksfreundes – der Regionalzeitung vor Ort – mitreden
- *www.eifel-tipp.de/podcasts/* – Beiträge über Sehenswertes in der Eifel, z. B. zur Wollroute bei Monschau

Für den Inhalt der Blogs & Podcasts übernimmt die MARCO POLO Redaktion keine Verantwortung.

> DAS HEISSE HERZ DER VULKANE

Vor gut 10 000 Jahren brodelte es in der Eifel zum vorerst letzten Mal: Übrig geblieben sind faszinierende Krater und Maare

> Zwischen Gerolstein und Wittlich, zwischen Manderscheid und Ulmen fallen immer wieder kegelförmige Bergkuppen auf, die sich aus der Landschaft erheben. Es sind Vulkankegel, deren Ausbruch meist nur einige Jahrzehntausende zurückliegt. Wandern in der Vulkaneifel ist wie eine Zeitreise durch die Erdgeschichte. Und noch immer brodelt es unter der Erde. Das beweisen die zahlreichen kohlensäurehaltigen Mineralwasserquellen oder der Wallende Born in Wallenborn – eine Quelle, aus der in regelmäßigen Abständen eine Fontäne emporsprudelt. Viele Vulkankuppen sind von Burgen gekrönt, die einst das ganze umliegende Land beherrschten. Und sollte Ihnen ein Eifel-Krimi in die Hand fallen, werden Sie schnell begreifen, warum diese verwunschene Gegend optimal für Krimiautoren ist. Viele lassen speziell um Hillesheim morden, rauben und betrügen.

Bild: Schalkenmehrener Maar zur Ginsterblüte

VULKANEIFEL

DAUN

[114 B5] **Die Kreisstadt Daun (8500 Ew.) ist idealer Ausgangspunkt für Unternehmungen in die Landschaft der erloschenen Feuerberge.** Der Name Daun erinnert an die keltischen Ureinwohner, die sich auf dem Felsen über dem Lieserbach niederließen. Erstmals erwähnt wird der Ort 731. Zu dieser Zeit entstand auch die erste Burg auf dem steilen Felsen. Daun ist heute als heilklimatischer Kurort bekannt. Im Kurpark spendet die Dunarisquelle heilkräftiges Wasser.

SEHENSWERTES

BURG DAUN

Die Burg entstand um 1000 als Stammsitz der Herren zu Daun und wurde 1689 durch den französischen König Ludwig XIV. zerstört. Geblieben sind Burgtor und Mauern – und der schöne Blick auf die Stadt.

DAUNER SPRUDEL
Sie können zusehen, wie der Dauner Sprudel und das Heilwasser der Dunarisquelle abgefüllt werden – inklusive Trinkprobe. *Kostenlose Führung*

Speiseraum im kurfürstlichen Amtshaus

Di um 10 Uhr | Dauer ca. 1,5 Std. | Anmeldung bei der Touristinfo Gerolstein | Tel. 06592/951 30

VULKANMUSEUM
Per Knopfdruck können Sie einen Vulkanausbruch auslösen – im Modell. Hier erfahren Sie, wie Vulkane und Maare entstanden sind und ob sich der Vulkanismus wirklich beruhigt hat. *1. März–15. Nov. Di–Fr 13–16, Sa/So 11–16.30 Uhr, 26.–31. Dez. sowie 2.–6. Jan. tgl. geöffnet | Eintritt 2,60 Euro | Leopoldstr. 9*

ESSEN & TRINKEN

AROMA KAFFEEBAR
Zehn verschiedene Kaffeesorten aus aller Welt probieren und dabei zuschauen, wie die Bohnen geröstet werden – das können Sie mitten in Daun erleben. Für Krimifans gibt es die Kaffeeröstung „Schwarzer Tod", den Killerkakao oder die Teemischung „Fünf-Uhr-Tod". *Burgfriedstr. 3 | Tel. 06592/98 29 29 | geröstet wird Mo und Do 10–12 Uhr | www.aroma-daun.de*

JOLLY DA CAPO
Stylische Kaffeebar und Restaurant mit mediterraner Küche. *Di–So 11-22 Uhr |Leopoldstr. 32 | Tel. 06592/ 95 82 10 | www.jollydacapo.de*

KUCHER'S LANDHOTEL Insider Tipp
Exquisites Landhaus mit herausragender Küche in Darscheid (ca. 5 km): neue deutsche Küche im Gourmetrestaurant *(€€€)*, Regionales in der *Eifelstube (€€)*; über 1400 Weine. *Mo geschl. | 14 Zi. | Karl-Kaufmann-Str. 2 | Tel. 06592/629 | www.kucherslandhotel.de*

KURFÜRSTLICHES AMTSHAUS
Erste Adresse in der Vulkaneifel. In den historischen Räumen des kurfürstlichen Amtshauses. Wer über Nacht bleibt, kann im Himmelbett schlafen. *Schlosshotel | Auf dem*

Burgberg | Mo/Di geschl. | Tel. 06592/92 50 | www.hotel-daun.de | €€€

MAAR Y SOL

Mexikanische Café-Lounge und Cocktailbar mit leckeren Hamburgern und Tapas. *Tgl. ab 7 Uhr | Leopoldstr. 14 | Tel. 06592/952 50*

ÜBERNACHTEN

BERGHOF

Das familiär geführte Hotel liegt direkt an den Dauner Maaren (3 km vom Zentrum) – idealer Ausgangsort für Wanderungen und Radtouren. *17 Zi. | Lieserstr. 20, Daun-Gemünden | Tel. 06592/28 91 | Fax 14 14 | www.hotel-berghof-daun.de | €*

LANDGASTHOF MICHELS

Am Schalkenmehrener Maar, 5 km vom Stadtzentrum entfernt, bietet das komfortable Haus ein Hallenbad mit Saunalandschaft und Wellness- und Beautyabteilung. *49 Zi. | St.-Martin-Str. 9, Schalkenmehren | Tel. 06592/92 80 | Fax 92 81 60 | www.landgasthof-michels.de | €€€*

FREIZEIT & SPORT

NORDIC WALKING

Im Parcours *Maarerlebnis Vulkaneifel* sind 18 Routen mit einer Gesamtlänge von 230 km in unterschiedlichen Schwierigkeitsgraden für Nordic Walker ausgewiesen. Jeweils sechs Routen beginnen am Dauner Kurpark, in Schalkenmehren und Gillenfeld. Die Tourist-Information bietet eine Broschüre dazu an.

RUNDFLÜGE & SEGELFLIEGEN

Vom Flugplatz Daun-Senheld aus. *Tel. 06592/29 76 oder 27 55*

AUSKUNFT

TOURIST-INFORMATION DAUN

Leopoldstr. 5, 54550 Daun | Tel. 06592/951 30 | Fax 95 13 20 | www.tourismus.daun.de

ZIELE IN DER UMGEBUNG

BAD BERTRICH [121 D1]

Fest eingeschlossen von sieben Vulkanen liegt in einem Seitental der Mosel das Staatsbad Bad Bertrich (1000 Ew., 24 km südöstlich von Daun). Mittelpunkt des Kurorts ist

MARCO POLO HIGHLIGHTS

★ **Totenmaar**
Das schönste Eifel-Idyll: der Blick über das Wasser auf die Kapelle (Seite 58)

★ **Gerolsteiner Brunnen**
Hier erfahren Sie alles zum Thema Mineralwasser (Seite 60)

★ **Urpferd**
Im Eckfelder Maar fand man das besterhaltene Urpferdeskelett Europas (Seite 64)

★ **Burgen von Manderscheid**
Romantik alter Ritterburgruinen schlechthin (Seite 64)

★ **Eifeler Glockengießerei**
In Brockscheid können Sie noch erleben, wie Kirchenglocken entstehen (Seite 65)

★ **Mosenberg**
Eifel-Vulkan mit Kratersee, Lavafelsen und weiter Aussicht (Seite 66)

das Lustschlösschen, das sich der Trierer Kurfürst Clemens Wenzeslaus erbauen ließ. Im Ueßbachtal sprudelt die einzige Glaubersalztherme Deutschlands. Bei 32 Grad warmen Wasser kann man im Thermalbad abtauchen. Daneben entsteht die neue *Vulkaneifeltherme* mit großer Wasser- und Saunalandschaft, die Ende 2009 eröffnen soll *(www.vulkaneifeltherme.de)*.

Wenige Meter vom Kurzentrum entfernt liegt das *Hotel Elfenmühle (10 Zi. | Kurfürstenstr. 1 | Tel. 02674/936 90 | www.elfenmuehle.de | €€)* mit Restaurant. Spezialitäten: Wildgerichte und Forellen. *Kurverwaltung | 56846 Bad Bertrich | Tel. 02674/93 20 | Fax 93 22 20 | www.bad-bertrich.de*

DAUNER MAARE **[114 B5]**

Dicht beieinander liegen das *Gemündener,* das *Toten- oder Weinfelder* und das *Schalkenmehrener Maar* (3–5 km südlich von Daun). Die beste Aussicht auf die Vulkanseen bietet der *Dronke-Turm,* den Sie in einem kurzen Spaziergang erreichen. Am schönsten ist das ★ *Totenmaar* mit seiner einsamen Friedhofskapelle. Baden, Rudern und Tretbootfahren darf man in Naturfreibädern am Gemündener und Schalkenmehrener Maar.

NEROTH **[114 A4/5]**

Aus diesem Dorf (900 Ew., 12 km westlich von Daun) kam einmal ein Exportschlager, der die Welt eroberte: Mausefallen. Die Nerother waren Meister des Drahtflechtens. Das Insider Tipp *Mausefallen-Museum (Mi 14–16, Fr 15–17 Uhr | Eintritt 2 Euro)* dokumentiert das Verhältnis von Mensch und Maus. Sehr zu empfehlen sind das Café-Restaurant *Zur Mausefalle* mit der Pension *Am Eifelsteig | Hauptstr. 42 | Tel. 06591/98 47 17 | www.mausefalle-neroth.de | €*

PULVERMAAR **[114 C5/6]**

Nahe dem Dorf Gillenfeld (14 km südöstlich von Daun) liegt das *Pulvermaar*. Der kreisrunde See im dichten Buchenwald hat klares blaues Wasser und ist mit 75 m Tiefe Deutschlands tiefster Bergsee außerhalb der Alpen. Baden und Bootfahren sind möglich.

SCHNEIDEMÜHLE MEISBURG **[114 A6]** Insider Tipp

Die Wasserkraft war einst der wichtigste Energieträger der Eifel. Heute sind nur wenige Anlagen erhalten geblieben. Eine davon ist die Schneidemühle bei Meisburg, 18 km südwestlich von Daun. Das alte Sägewerk wird in voller Funktion vorgeführt. *Sa und Feiertage 13–18 Uhr | Eintritt 3 Euro | www.woodtech.de*

WALLENBORN **[114 A5]** Insider Tipp

Selbst auf der Vulkaninsel Island gibt es das nicht, was die Eifler *Brubbel* nennen. Im Dorf Wallenborn (14 km westlich von Daun), wallt eine Quelle alle 30 Minuten mit einer 4 m hohen Fontäne auf. *Eintritt 1 Euro | www.wallenborn-eifel.de*

WILDPARK DAUN **[114 B5]**

Wie bei einer Safari fühlt man sich im Wild- und Erlebnispark Daun (4 km westlich von Daun). Vom Auto aus können Sie auf einer 8 km langen Piste das Wild beobachten. Es gibt sechs Aussichtstribünen, um

Rot- und Damwild, Mufflons, Berberaffen und Wildyaks aus der Nähe zu sehen. *Mitte März–Mitte Nov. tgl. 10–18 Uhr | Eintritt 6,50 Euro | www.wildpark-daun.de*

VULKANHAUS STROHN [114 C6]
Anhand kleiner Experimente kann man hier (18 km südlich von Daun) nachvollziehen, wie Vulkane funktionieren. Eine 6 m lange Lavenspaltenwand, die aus dem benachbarten Steinbruch geborgen wurde, ist ebenfalls zu sehen. Am Ortsrand liegt eine fast 120 t schwere Lavabombe, die einst in zähflüssigem Zustand aus dem Vulkan geschleudert wurde. *April–Okt. Di–So 10–17, Nov.–März Di–So 13–17 Uhr | Eintritt 2 Euro | Hauptstr. 38 | www.vulkanhaus-strohn.de*

GEROLSTEIN

[113 F4] **Gerolstein fasziniert durch seine Lage zwischen hohen Dolomitfelsen. Die Klippen sind Ablagerungen eines Meeres,**

Mit römischen Mosaiken glänzt die Erlöserkirche in Gerolstein

das vor 380 Mio. Jahren das Gerolsteiner Land bedeckte. Versteinerte Korallen und Seelilien sind auf Äckern und in Steinbrüchen noch heute zu finden. Gerolstein (7600 Ew.) wurde erstmals 1115 in einer Urkunde des Stifts Münstereifel erwähnt. Gerhard von Blankenheim errichtete die Burg Gerhardstein über dem Kylltal.

SEHENSWERTES

ERLÖSERKIRCHE
Nach dem Vorbild der Kaiser-Wilhelm-Gedächtniskirche von Berlin wurde die Erlöserkirche 1911–13 im

preußischen Stil erbaut und prächtig mit Goldmosaiken und Rundbögen ausgestattet. Beim Bau entdeckte man Reste der Villa Sarabodis. In diesem römischen Landsitz (1. Jh.) fanden sich u. a. wertvolle Mosaike. Im *Römischen Museum* werden diese Ausgrabungen präsentiert. Rätselhaft ist ein besonderer Fund: 27 Skelette von jungen Männern, alle 2 m groß, mit zertrümmerten Schädeln und gebrochenen rechten (Schwert-)Armen. *Erlöserkirche, Villa Sarabodis und Museum nur im Rahmen einer Führung zugänglich, April–Okt. Mi, Sa 10 und 15 Uhr | Eintritt 2,50 Euro | Sarresdorfer Straße*

Wie kommt das Wasser in die Flasche? Bei Gerolsteiner finden Sie es raus

GEOPARK

Es brodelt gewaltig: 350 Ausbruchszentren vulkanischer Aktivität sind in der Region um Gerolstein belegt. Im Geopark kann man sie in eintägigen Touren erwandern. Überall stehen Infotafeln zu geologischen und erdgeschichtlichen Hintergründen. Zum Beispiel bei einer Wanderung vom Rathaus über die *Munterley* (482 m), deren steile Felsformationen vor 320–380 Mio. Jahren entstanden sind. In diesen frühen Tagen der Erdzeit war die Munterley ein Kalkriff, das aus einem devonischen Flachmeer ragte. An der Nordwestseite liegt das *Buchenloch*, eine 36 m lange Höhle, in der während der Altsteinzeit Menschen lebten. Weitere Geoziele und Tourentipps: *www.geopark-vulkaneifel.de*

GEROLSTEINER BRUNNEN ★

Zu Anfang wurde das Wasser aus Gerolstein noch in Tonkrüge abgefüllt – doch seit der Firmengründung 1888 hat sich einiges geändert: Gerolsteiner ist heute Marktführer im Segment Mineralwasser. 1000 Flaschen Sprudel werden hier pro Minute abgefüllt. Wer dabei zuschauen mag, nimmt an einer kostenlosen Führung teil. Ohne Voranmeldung. *Mo–Fr 15 Uhr, ca. 1 Std. | Vulkanring | Tel. 06591/142 38 | www.gerolsteiner.de*

TELEFONMUSEUM

Vom ersten Telefon des Erfinders Graham Bell (1877) bis zur heutigen

ISDN-Technik spannt sich der Bogen. Rund 500 Telefone ab 1951 hat Sammler Heribert Schirmer zusammengetragen. Er präsentiert seine Schätze im *Alten Rathaus. Di/Do/Fr 14–17 Uhr | Eintritt 2 Euro | Hauptstr. 42*

ESSEN & TRINKEN

LEO´S BRASSERIE-CAFÉ

Das französisch inspierierte Café gehört zum Callunahotel. Schön: Es gibt es eine große Sonnenterrasse mit Blick auf die Gerolsteiner Dolomiten. Nachmittags werden frische Waffeln und Kuchen serviert. Mit Restaurant und Bar. *Zur Büschkapelle 5 | 06591/943 90 | www.callunahotel.de* | €€€

ÜBERNACHTEN

LANDHAUS MÜLLENBORN

In ruhiger Lage, wunderbare Aussicht über die Vulkaneifel. Mit Dampfbad und finnischer Sauna. *17 Zi. | Auf dem Sand 45, 4 km vom Zentrum | Tel. 06591/958 80 | Fax 95 88 77 | www.landhaus-muellenborn.de* | €€€

VILLA IM TURM

„Klein, aber fein" ist das Motto hier. Man schläft im Turm über der ehemaligen Birresborner Phönixquelle. Mit Restaurant, Weinkontor und idyllischem Biergarten. *5 Zi. | Poststr. 12, 7 km entfernt in Birresborn | Tel. 06594/921 14 80 | www.kleine-villa-am-turm.de* | €€–€€€

> BÜCHER & FILME

Vom Tatort Eifel zum Lieblingswanderweg

> *Das Weiberdorf* – Gegen Ende des 19. Jhs. verdingten sich die arbeitsfähigen Männer des Örtchens Eifelschmitt bei den aufblühenden Stahlwerken im Ruhrgebiet. Zurück bleibt ein Ort ohne Männer: das Weiberdorf. Der Roman von Clara Viebig verursachte bei seinem Erscheinen 1900 einen Skandal.

> *Gebrauchsanweisung für die Eifel* – Krimiautor Jacques Berndorf über eine Region mit Kultstatus und Idyllen mit Abgründen.

> *Du musst wandern – ohne Stock und Hut im deutschen Mittelgebirge* – Der Lieserpfad in der Eifel ist der schönste Wanderweg der Welt. Findet Buchautor Manuel Andrack. Tourentipps im Tagebuchstil – witzig.

> *Eifel-Blues* – Drei Tote neben einem scharf bewachten Bundeswehrdepot: Unfall? Spionageaffäre? Eifersuchtstragödie? Der erste Eifelkrimi (1989) von Jacques Berndorf prägte ein neues Genre: den Regionalkrimi. Seinen Spuren folgten Regionalautoren wie Carsten S. Henn oder Carola Clasen. Berndorf selbst hat seinen 19. Eifelkrimi vorgelegt: *Mond über der Eifel.* Lokaljournalist Siggi Baumeister ermittelt diesmal im Nationalpark Eifel.

> *Wollseifen – Das tote Dorf* – 120 Familien mussten 1946 miterleben, wie ihr Dorf zu Übungszwecken zerstört wurde. 60 Jahre lang war Wollseifen – heute im Nationalpark Eifel gelegen – militärisches Sperrgebiet. Die Dokumentation erzählt die Geschichte der vertriebenen Dörfler. *DVD 12 Euro | www.foerderverein-wollseifen.de*

FREIZEIT & SPORT

Insider Tipp

EIFELQUERBAHN

Der Verein Eifelbahn bietet nostalgische Fahrten auf stillgelegten Strecken mit alten Schienenbussen, den „Ferkeltaxis“. Damit brachten die Bäuerinnen früher ihre Produkte zum Markt. *Mai–Okt. Sa/So und feiertags im 2-Std.-Takt nach Kaisersesch (einf. Fahrt 8 Euro), im Sommer zusätzlich tgl. von Gerolstein nach Daun (4 Euro); Tel. 06591/ 94 99 87 10 | www.eifelquerbahn.de*

AUSKUNFT

TOURISTINFORMATION GEROLSTEINER LAND

Brunnenstr. 10 | 54568 Gerolstein | Tel. 06591/94 99 10 | Fax 949 91 19 | www.gerolsteiner-land.de

ZIELE IN DER UMGEBUNG

BIRGEL [113 F2]

Das kleine Dorf an der B 421, 14 km nördlich von Gerolstein, hat eine Attraktion: die Insider Tipp *Historische Wassermühle (Sommersaison tgl. 11.30–22 Uhr, Führung 11.30 und 15 Uhr; Wintersaison Di–So 11.30–22 Uhr, Führung 12 Uhr | Bahnhofstr. 16 | Eintritt 6,50 Euro | Tel. 06597/928 20 | www.muehle-birgel.de)*. Hier lässt sich der Weg vom Korn zum Brot verfolgen, da es auch ein Backhaus gibt.

Neben der Getreide- gibt es eine Senf- und Ölmühle, ein wassergetriebenes Sägewerk, ein Backwerk, eine Schnapsbrennerei, ein Hotel und das Wirtshaus *Sägewerk* mit französischer Küche und traditioneller Mühlenkarte *(Bahnhofstr. 16 | Tel. 06597/928 20 | €€)*.

HILLESHEIM [113 F3]

Dem Städtchen (3200 Ew., 9 km nördlich von Gerolstein) gelang Ende des 20. Jhs. eine Sanierung der historischen Altstadt, die europaweit Anerkennung erhielt. Besonders die Stadtmauer aus dem 14. Jh. ist ein Anziehungspunkt von Hillesheim. Der Wehrgang bietet idyllische

Leichen pflastern den Weg – literarisch zumindest: das Kriminalhaus in Hillesheim

Ausblicke auf das Städtchen. Am Weiher im Bolsdorfer Tal beginnt der *Geopfad Hillesheim*. An 30 Aufschlüssen gibt er Einblicke in 400 Mio. Jahre Erdgeschichte. Den 125 km langen Pfad können Sie in Wanderetappen aufteilen oder die Aufschlüsse von Wanderparkplätzen aus erreichen. Der Tunnel bei Zilsdorf führt mitten in den Schlot des Vulkans Arensberg, der vor 35 Mio. Jahren ausbrach.

In der jüngsten Zeit hat sich Hillesheim zur ▶▶ deutschen Krimizentrale gemausert: Das *Kriminalhaus* in einer ehemaligen Gerberei beherbergt das Deutsche Krimi-Archiv mit etwa 30 000 Krimis *(Do–So 14–18 Uhr | Tel. 06593/998 98 51)*. In tiefen Ohrensesseln kann man hier schmökern (Buchausleihe ist nicht möglich). Nebenan im *Café Sherlock* gibt´s zwischen antikem Mobiliar und Mordwaffen Killerkakao, Miss Marple´s Teatime und hausgemachte Kuchen. *Mo–Sa 11–19 Uhr, So ab 13 Uhr | Augustinerstr. 4 | www.kriminalhaus.de | €*

Urlaub im Knast heißt das Motto im ehemaligen Amtsgericht. Dort wurde das Hotel-Restaurant *Zum Amtsrichter (9 Zi. | Kölner Str. 10 | Tel. 06593/98 57 31 | Restaurant Mo geschl. | www.amtsrichter.de | €)* eingerichtet. Die einstigen Zellen sind jetzt schlichte Gästezimmer.

Ein Krimi-Zimmer hat das neue *Hotel Augustinerkloster* eingerichtet – mit Antiquitäten, Bibliothek und Indizien. Wer lieber entspannt statt Spuren sucht: Wo vor gut 300 Jahren Mönche beteten, gibt es heute viel Komfort, einen Wellness- und Spa-Bereich, Klosterbrunch und Krimi-Specials. *57 Zi. | Augustinerstr. 2 | Tel. 06593/98 08 90 | www.hotel-augustiner-kloster.de | €€€*

Tipp für Literatur- und Kunstfans: Im Dörfchen Kerpen (3 km entfernt) steht ▶▶ *Das kleine Landcafé*. Inhaberin Thea Greif veranstaltet in der umgebauten alten Scheune regelmäßig Krimilesungen und Kleinkunstabende *(Tel. 06593/99 69 69 | www.daskleinelandcafe.de)*

KASSELBURG [113 F4]

Die mächtigen Ruinen der Kasselburg erheben sich wie eine Zitadelle über dem Dorf Pelm, 4 km nordöstlich von Gerolstein. Die Burg wurde auf dem Basaltstock eines Vulkans erbaut. Im 15. Jh. gab es im Palas einen prachtvollen Rittersaal. Der 37 m hohe Doppelturm gilt als eines der bedeutendsten Beispiele deutscher Burgenarchitektur. Im Mittelalter diente er als Wohnturm, heute ist er von Adlern und Falken besiedelt. Die Kasselburg ist zugänglich bei einem Besuch des *Adler- und Wolfsparks*. Attraktionen sind Greifvogelvorführungen sowie das größte in einem Gehege lebende Wolfsrudel Westeuropas. *März–Okt. tgl. 10–18, Winter Sa/So 11–16 Uhr (26. Dez.–14. Jan. tgl. 11–16 Uhr) | Wolfsfütterung 15.45, Greifvogel-Schau 11 und 15 Uhr | Eintritt 5 Euro | Tel. 06591/ 42 13 | www.adler-wolfspark.de*

MANDERSCHEID

[120 B1] Ein Urpferdchen und die Burgenfestspiele haben den Kneippkurort Manderscheid (1300 Ew.) bekannt gemacht.

Der Ort hat aber noch mehr zu bieten: die *Lebensbaum-Kirche,* eine Kerzenzieherei und die *Steinkiste,* in der ein Sammler Mineralien und Fossilien aus aller Welt bearbeitet und ausstellt *(So 11.30–12.30, Mo 18–19, Do 11–12.30 Uhr oder nach Vereinbarung | Tel. 06572/14 86 | Eintritt frei | Markt 1).*

SEHENSWERTES

BURGEN VON MANDERSCHEID ★

Wahrzeichen des Eifelortes sind zwei wuchtige Burgruinen, die über dem Liesertal inmitten dichter Laubwälder thronen. Die auf steilem Fels im 12. Jh. gebaute Niederburg der Grafen von Manderscheid und die romanische Oberburg der Trierer Erzbischöfe sind zwei typische Eifelritterburgen. Alljährlich im August erinnern Ritterturniere und Schwertkämpfe an vergangene Zeiten. Damals standen sich die Burgen meist feindlich gegenüber. *Oberburg: jederzeit frei zugänglich, Niederburg: tgl. 10.30–17 Uhr | Eintritt 2 Euro*

>LOW BUDGET

- Eifler Küche zum kleinen Preis gibt es im *Landgasthof Schröder* in Üxheim/Niederehe *(Kerpener Str. 7 | 11 km von Hillesheim an der L 10).* Allein die leckere Erbsensuppe ist einen Umweg wert.
- Das *Kino Vulkaneifel* in Daun bietet Cineasten vergünstigen Eintritt mit der Cinecard (einmalige Kosten 2 Euro). Die Karte ist montags bis donnerstags gültig. *Leopoldstraße 21, Daun | www.kino-daun.de*
- Wer mehr wissen will über Bienen und Honig: Die Imkerei Körsten in Neroth bietet kostenlose Führungen an. Anmeldung bei *Thomas Körsten | Heltenberger Str. 2, Neroth | Tel. 06591/77 37 oder 30 63 | www.eifelimker.de*

HEIMATMUSEUM

Das kleine Museum gegenüber dem Rathaus zeigt die bewegte Geschichte der Manderscheider Grafen und der beiden Burgen, aber auch das Leben der Bauern und Handwerker. *Einlass über Tourist-Information Manderscheid | Kurfürstenstr. 24 | Tel. 06572/93 26 65*

MAARMUSEUM

Aus Manderscheid stammt das älteste Säugetier der Eifel: das ★ *Urpferd*, eine trächtige Stute, die vor 45 Mio. Jahren in einem Maarsee ums Leben kam. Dieses versteinerte Pferd ist einer der einzigartigen Funde, die Wissenschaftler am Eckfelder Maar ausgegraben haben und die hier besichtigt werden können.

Das *Eckfelder Maar* ist heute eine Fossilfundstätte von Weltrang. Der dort gefundene Tonschiefer hat sich vor 45 Mio. Jahren abgelagert und wie in einem Herbarium die Tier- und Pflanzenwelt konserviert. Er erlaubt Einblicke in die Lebenswelt des Eozäns, in dem sich die heutigen Blütenpflanzen und Säugetiere herausgebildet haben.

Neben diesen Fundstücken bietet das in einer ehemaligen Turnhalle untergebrachte Museum eine Übersicht über die Maarforschung. Die ehemals tropische Eifel-Landschaft wurde rekonstruiert, und man kann auf einer Zeitreise in das Innere der

Erde miterleben, wie ein Maar entsteht. *März–Okt. Di–Sa 10–12 und 14–17, So 13–17 Uhr, Nov.–Dez. Sa/So 13–17 Uhr | Eintritt 2 Euro | Wittlicher Str. 11 | www.maarmuseum.de*

ÜBERNACHTEN

ZENS

Traditionshotel im Zentrum von Manderscheid. *24 Zi. | Kurfürstenstr. 35 | Tel. 06572/923 20 | Fax 92 32 52 | www.hotel-zens.de* | €€€

In der Eifeler Glockengießerei geht es immer noch zu wie in Schillers berühmten Lied

ESSEN & TRINKEN

ALTE MOLKEREI

Kreative Küche mit regionalen Produkten. *Mi–Sa ab 17, So ab 12 Uhr | Grafenstr. 25 | Tel. 06572/12 28 | www.die-alte-molkerei.de* | €€

HEIDSMÜHLE

Aus der alten Mühle ist ein lauschiges Ausflugsziel am Ufer der Kleinen Kyll geworden. Spezialität: Forellen aus eigener Zucht. *Mosenbergstr. 22 | Tel. 06572/747 | www.heidsmuehle.de* | €

AUSKUNFT

TOURIST-INFORMATION

54531 Manderscheid, Grafenstr. | Tel. 06572/93 26 65 | Fax 93 35 21 | www.manderscheid.de

ZIELE IN DER UMGEBUNG

EIFELER GLOCKENGIESSEREI ★ [114 B6]

In Brockscheid kann man miterleben, wie Glocken gegossen werden *(Mo–Sa stündlich 10–16 Uhr | Eintritt 2 Euro | Tel. 06573/99 03 30 | www.glockengiesser.de).*

HIMMEROD [120 A2]

1134 kamen zwölf Zisterziensermönche aus Clairveaux ins Tal der Salm. Sie suchten einen Ort, der sich für den Bau eines Klosters eignete. Abgeschiedenheit, aber auch fruchtbares Land und fischreiche Gewässer waren die richtige Umgebung für ihr Motto „Bete und arbeite". Der weitläufige Klosterkomplex (12 km südlich von Manderscheid) ist bis heute ein einsamer Ort geblieben. 1802 wurde das Kloster unter französischer Herrschaft aufgehoben und verfiel, 1919 bauten bosnische Zisterziensermönche die Gebäude wieder auf.

Besichtigen kann man das Torhaus mit dem Klosterrestaurant, den Innenhof und die Abteikirche. Das Gelände ist frei zugänglich. Nur Männer dürfen den Kreuzgang betreten. Das Kloster ist offen für angemeldete Gäste *(Tel. 06575/951 30)*, jeden Abend laden die Mönche zur Teilnahme am Vespergebet ein *(Sa/So 17, Mo–Fr 17.45 Uhr)*. Berühmt sind die Insider Tipp Orgel- und Chorkonzerte in einmalig schöner Atmosphäre *(Auskunft: Tourist-Information Manderscheid | Tel. 06572/93 26 65)*. Ihre Teiche mit Forellen und Flusskrebsen haben die Zisterzienser verpachtet; die Produkte der Klosterfischerei sind im weiten Umkreis begehrt. In der *Alten Mühle* veranstaltet der Creativ-Kreis-International regelmäßig Seminare und Workshops zur Fertigkeit des Emaillierens, im Atelier ist eine Insider Tipp Ausstellung zu sehen *(Tel. 06575/951 30 | www.kloster-himmerod.de). Besucherinfo: Alte Mühle | April–Okt. So 11–17, Di–Sa 14–17 Uhr*

MEERFELDER MAAR [120 A1]

Ein gewaltiger Vulkankrater bietet Platz genug für das Dorf Meerfeld und das zweitgrößte Maar der Eifel: das mindestens 30 000 Jahre alte Meerfelder Maar (5 km westlich von Manderscheid). Die Gegend rund um das Maar ist Naturschutzgebiet. Auf dem Wasser blühen Seerosen, Uferbereich wachsen gelbe Schwertlilien. Den besten Überblick über die Landschaft bietet der Aussichtsturm *Landesblick*. Kaffeetrinken im Kraterkessel können Sie im *Café am Maar (Meerbachstr. 50)*. Zur Übernachtung bietet sich das *Hotel zur Post* an *(Meerbachstr. 26 | Tel. 06572/927 70 | Fax 927 71 | www.hotel-zur-post-meerfeld.de | €)*. Am Maar gibt es auch ein Naturfreibad.

MOSENBERG ★ [120 A1]

Der Mosenberg (4 km westlich von Manderscheid) ist unter geologisch Interessierten weltberühmt: Der Reihenvulkan hat mehrere Kegel und den einzigen Kratersee nördlich der Alpen. Vom Gipfelkreuz über dem *Windsborn* haben Sie einen phantastischen Blick in den Krater und die umliegende Vulkanlandschaft. Empfehlenswert ist ein kleiner Spaziergang in die Wolfsschlucht: Hier sind noch Basaltsäulen aus der Zeit zu sehen, als sich bei einem Vulkanausbruch ein mächtiger Lavastrom hinunter ins Tal der Kleinen Kyll gewälzt hat.

WITTLICH [120 C2/3]

In der ganzen Eifel ist Wittlich (18 000 Ew., 20 km südlich von Manderscheid) bekannt als Stadt der *Säubrennerkirmes (www.saeubren*

ner.com). Das populäre Volks- und Straßenfest wird alljährlich am dritten Augustwochenende mit Spießbraten gefeiert.

Im Sommer lockt die Stadt am Übergang von der Eifel zur Mosel mit Freiluftcafés und vielen Geschäften. Mittelpunkt des Städtchens ist der Marktplatz mit dem *Renais-*

Hummer, Jacobsmuscheln oder Perlhuhn aus Burgund serviert das Waldhotel Sonnora

sancerathaus von 1652. Die Fensterglasgemälde im Treppenhaus schuf Georg Meistermann (1911–90). Das Alte Rathaus dient heute als *Georg-Meistermann-Museum und Städtische Galerie (Di–Fr 10–12, 14–17, Sa 11–17, So 14–17 Uhr)*. Weitere sehenswerte Bauten am Marktplatz sind die *Posthalterei Thurn und Taxis* und das barocke *Haus Neuerburg* mit der Marktschänke. Die ein paar Schritte entfernte ehemalige *Jugendstilsynagoge* wird als Kultur- und Tagungsstätte genutzt.

Ziel vieler Gourmets ist die ausgezeichnete Küche von Helmut Thieltges im *Waldhotel Sonnora (20 Zi. | Restaurant Mo/Di geschl. | Auf dem Eichelfeld, Dreis, 8 km vom Zentrum | Tel. 06578/982 20 | www.hotel-sonnora.de | €€€)*. Familiäre Unterkunft bietet das *Hotel Well garni* in der historischen Altstadt *(21 Zi. | Marktplatz 5 | Tel. 06571/11 90 | www.hotel-well-garni.de | €€€)*.

Auskunft: *Moseleifel Touristik | 54516 Wittlich, Neustr. 7 | Tel. 06571/40 86 | Fax 64 17 | www.wittlich.de*

> IM RAUSCH DER MOTOREN

In der Osteifel geht es rund um den Nürburgring temporeich zu – und anderenort ganz langsam und beschaulich

> Wie wäre es mit einer Zeitreise, aus einem römischen Bergwerk in die Welt der Formel 1 auf dem Nürburgring? Oder einem Ausflug, der vom höchsten Gipfel, der Hohen Acht, in die Tiefe eines Schieferstollens oder Basaltkellers führt? Vielleicht haben Sie aber mehr Lust auf einen geruhsamen Spaziergang von der Benediktinerabtei Maria Laach zum größten Vulkansee der Eifel. Oder auf die Eroberung einer Burg: Berühmt ist die Osteifel auch für die Burg Eltz, das Schloss Bürresheim oder die Genovevaburg.

Bild: Kloster Maria Laach

ADENAU

[115 C1] **Bester Ausgangspunkt für einen Besuch des Nürburgrings ist das Städtchen Adenau (3000 Ew.).** Es liegt am Fuße der Hohen Acht, des mit 747 m höchsten erloschenen Eifelvulkans. Tuchmacher und Gerber, die sich im lang gestreckten Tal niederließen, ha-

OSTEIFEL

ben einst den Reichtum des Marktfleckens begründet. Noch heute künden davon die zahlreichen schön verzierten Fachwerkhäuser. Am meisten haben Sie von diesem Ambiente, wenn auf dem Ring gerade keine Großveranstaltung stattfindet.

SEHENSWERTES

BUTTERMARKT

Im dem Viertel am Ortsausgang Richtung Breidscheid stehen die ältesten Fachwerkhäuser der Stadt. Manche stammen noch aus dem 14. Jh.

EIFELER BAUERNHAUSMUSEUM

In einem alten Bauernhaus wird bäuerliches Wohnen und Arbeiten dokumentiert. *Sa/So 10–12 Uhr | Eintritt frei | Schulstraße*

MARKTPLATZ

1601 bekam Adenau die Marktrechte verliehen. Den historischen Marktplatz schmücken stattliche Fachwerkhäuser, die meisten wurden im 17. Jh. gebaut.

ESSEN & TRINKEN

PERIFERIA

Insider Tipp

Kleines Café-Restaurant im historischen Burghaus am Buttermarkt. Gutbürgerliche (Spezialität: Speckpfannkuchen) und italienische Küche. Im Café Galerieraum mit wechselnden Ausstellungen. *Mo/Di geschl. | Buttermarkt | Tel. 02691/ 85 77 | www.periferia.de | €*

HISTORISCHES HAUS – BLAUE ECKE

Besonders hübsches Fachwerkhaus von 1578, ausgestattet mit zahlreichen Antiquitäten. Gutbürgerliche Küche, etwa Adenauer Apfelfleisch. *Mo geschl. | Markt 4 | Tel. 02691/ 20 05 | www.blaueecke.de | €€*

ÜBERNACHTEN

BERGHOTEL HOHE ACHT

Eines der preisgünstigsten Hotels rund um den Nürburgring. Familiär geführt, ruhige Lage. Im Winter gibt es kinderfreundliche Rodelbahnen direkt am Haus. *14 Zi. | Hohe Acht | Tel. 02691/471 | Fax 24 59 | www.hohe-acht.com | €–€€*

HOTEL ZUM WILDEN SCHWEIN

Traditionshaus am historischen Marktplatz. Im Restaurant Wildgerichte, z. B. die Wildererplatte. *20 Zi. | Hauptstr. 117 | Tel. 02691/91 09 20 | Fax 910 92 92 | www.hotel-zum-wilden-schwein.de | €€€*

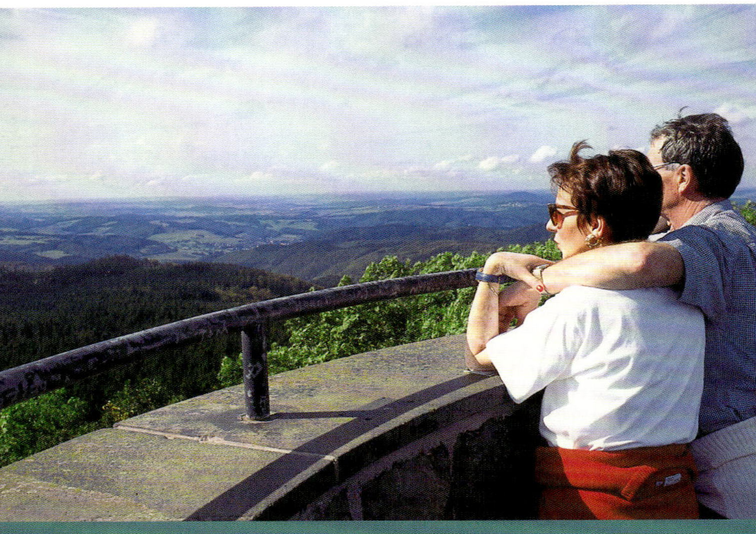

Berggefühle: Vom Aussichtsturm der Hohen Acht hat man einen wunderbaren Panoramablick

FREIZEIT & SPORT

MOTORSPORT

Eine der weltweit bekannten Attraktionen der Eifel ist der *Nürburgring* [114 C2]. Nicht nur Formel-1-Läufe und DTM-Meisterschaften werden hier ausgetragen. Im Sommer lockt der Ring mit spektakulären Veranstaltungen wie dem Mammutfestival *Rock am Ring* oder dem kultigen *Truck Grand Prix*. PS-Begeisterte können mit ihrem eigenen Auto oder Motorrad auf der legendären Nordschleife des Rings fahren – immer auf der Suche nach der Ideallinie.

Neben der eigentlichen Rennstrecke wurde im Juni 2009 ein neues Freizeit- und Businesszentrum eröffnet. Das ★ *Ringwerk* ist ein Themenpark rund um den Nürburgring. Mit einem 24h-Rennen im 4D-Kino, der angeblich schnellsten Achterbahn der Welt, Backstagetouren ins Fahrerlager und die Boxengasse, mit Flaniermeile, Sporthotel und Gastronomie. *Touristinfo Nürburgring an der B 258 | Tel. 02691/30 26 30 | www.nuerburgring.de)*. Direkt am Ring steht das komfortable *Hotel Dorint Novotel (207 Zi. | Grand-Prix-Strecke | Tel. 02691/30 90 | Fax 30 94 60 | www.novotel.com | €€€)*.

AUSKUNFT

TOURISMUSVEREIN HOCHEIFEL-NÜRBURGRING

Kirchstr. 15, 53518 Adenau | Tel. 02691/305 16 | Fax 305 18 | www.hocheifel-nuerburgring.de

ZIELE IN DER UMGEBUNG

HOHE ACHT [115 D2]

Etwas übertrieben wird der Berg manchmal das Matterhorn der Eifel genannt. Aber immerhin kann man vom *Kaiser-Wilhelm-Aussichtsturm* auf der Hohen Acht, mit 747 m der höchste Eifelgipfel, bei gutem Wetter sogar die Türme des Kölner Doms sehen. Vom Wanderparkplatz (4 km östlich von Adenau) aus dauert der Aufstieg etwa 20 Minuten. Er führt an Basaltsäulen und -blöcken vorbei. Oben überrascht Siegfried im Kampf mit der Schlange – martialisch in Bronze gegossen.

NÜRBURG [114 C2]

Es braust ein Ruf wie Donnerhall … So haben sich das die Grafen der

MARCO POLO HIGHLIGHTS

★ **Ringwerk**
Neu eröffnet am Nürburgring: Hier dreht sich alles um Motorsport (Seite 71)

★ **Burg Eltz**
Die bekannteste Burg Deutschlands (Seite 74)

★ **Maria Laach**
Eine ganz besondere romanische Kirche (Seite 75)

★ **Monreal**
Einzigartiges Fachwerkstädtchen an der Elz (Seite 77)

★ **Vulkanpark Osteifel**
Die Vulkane sind unter uns (Seite 77)

★ **Schloss Bürresheim**
Das Schloss zeigt adelige Lebenspracht in der Eifel (Seite 77)

Nürburg wohl nicht vorgestellt. Wer heute die mächtige Ruine über dem Dorf Nürburg (6 km südlich von Adenau) besucht, hört tatsächlich ein ständiges Brausen von der Rennstrecke. Die romanischen Gewölbe und die Ruinen des Bergfrieds sind jederzeit frei zugänglich. Vom 678 m hohen Berg haben Sie einen weiten Blick über das Land am Nürburgring.

MAYEN

[115 F2] Mayen (19 300 Ew.) liegt im Tal der Nette und am Fuße des Vulkans Hochsimmer. Der Ort wird überragt von der Genovevaburg und bietet das Flair einer alten Eifelstadt. Steinreich ist Mayen, weil die Einwohner es schon seit Jahrtausenden verstehen, von den längst erkalteten Ergüssen der Vulkane zu leben. Der Abbau von Basalt, Tuff, Bims und Schiefer hat Mayen wohlhabend gemacht. Im frühen Mittelalter wurden Mühlsteine aus Mayener Lava bis nach Schottland und an die Ostsee gehandelt.

Den Mayenern gelten als pfiffig und selbstbewusst. Man erzählt gern, wie sie die Truppen Ludwigs XIV. mit einem Trick übertölpelten. Als diese die Stadt belagerten, lupften die Mayener Frauen auf der Stadtmauer ihre Röcke. Die Franzosen waren so verwirrt, dass den Männern schließlich der Ausbruch gelang.

SEHENSWERTES

GENOVEVABURG

Ein barockes Prunktor führt zur mächtigen Burg über der Stadt. 1280 wurde sie von den Trierer Erzbischöfen als Bollwerk im Osten gebaut. Benannt ist die Burg nach der Grafengemahlin Genoveva, um die sich eine regional bekannte Sage rankt. Beim Aufstieg zur Burg bieten sich schöne Ausblicke auf die Dächer von Mayen. Das *Eifelmuseum* in der Burg und das 16 Meter darunter gelegene *Deutsche Schieferbergwerk* erzählen Geschichte und Geschichten über die Region und ihren Bergbau. In einem Stollen unterhalb der Burg wurde ein 340 Meter langes Labyrinth, das im Zweiten Weltkrieg als Luftschutzbunker in den Berg getrieben wurde, als Erlebniswelt zugänglich: Mit Spezialeffekten und einer simulierten Lorenfahrt wurde der Alltag der Bergleute rekonstruiert. *Di–So 10–17 Uhr | Eintritt 6 Euro | www.deutsches-schieferbergwerk.de*

LAPIDEA

Insider Tipp

Im Grubenfeld des früheren Basalttagebaus (Richtung Ettringen) treffen sich im Sommer Bildhauer aus aller Welt und schlagen monumentale Skulpturen in den Stein. Lapidea nennt sich dieses Symposium. Die Werke von Künstlern wie Yoshimi Hashimoto, Peter Mittler und Dorissa Lem sind jederzeit kostenlos zu besichtigen. *www.lapidea.com*

MARKTPLATZ MIT RATHAUS

Dank einer weisen Entscheidung der Stadtväter dürfen über den Platz am Fuß der Burg keine Autos fahren – schön zum Bummeln und Kaffetrinken. Schmuckstück ist das 1717/18 gebaute alte Rathaus mit seiner Barockfassade.

MAYENER GRUBENFELD

In der Adorfhalle (benannt nach dem in Mayen aufgewachsenen Schauspieler Mario Adorf) am Rande des Grubenfelds soll 2009 eine Ausstellung über 7000 Jahre Basaltabbau im Mayener Grubenfeld eröffnet werden. Im Grubenfeld selbst sind noch die alten Kräne zu sehen, mit denen einst die schweren Blöcke ans Tageslicht geholt wurden. Die Stollen des Steinabbaus bieten ein Winterquartier für tausende Fledermäuse. *März–Okt. Di–So 10–17 Uhr | Eintritt 1,50 Euro | Ettringer Straße | www.mayenzeit.de*

PFARRKIRCHE ST. CLEMENS

Der schiefe Turm der Pfarrkirche St. Clemens ist ein Wahrzeichen der Stadt. Wegen eines Konstruktionsfehlers verdrehte sich der spitze Turmhelm des gotischen Baus zu einer Spirale. *Marktstraße*

STADTBEFESTIGUNG

Bis heute stadtbildprägend ist die Stadtmauer aus dunklem Basalt mit ihren Türmen und Torbauten, darunter das fünfgeschossige Obertor mit seinen Ecktürmchen. 2 km lang war einmal diese Mauer, von der große Teile erhalten blieben oder rekonstruiert wurden.

Kurios: der schiefe Turm von St. Clemens

ESSEN & TRINKEN

GOURMET WAGNER

Feinschmeckerlokal mit französischer Küche und beachtlicher Weinkarte. *Mi–So ab 17.30 Uhr | Am Markt 10 | Tel. 02651/497 70 | www.creatives-catering.de* | €€€

IM RÖMER

Die in der Innenstadt gelegene altdeutsche Bier- und Weinstube bietet täglich wechselnde gutbürgerliche Küche. *Mo geschl. | Marktstr. 46 | Tel. 02651/23 15 | www.im-roemer.de* | €–€€

ÜBERNACHTEN

MAIFELDER HOF

Hotel-Restaurant mit schönem Garten und sehr gepflegten Zimmern. *18 Zi. | Im Weiherhölzchen 7–9, Mayen-Kürrenberg | Tel. 02651/30 81 | www.hotel-wasserspiel.de* | €€

ZUM ALTEN FRITZ
Familienhotel mit gediegenem Ambiente. Das Restaurant bietet deutsch und mediterran geprägte Gerichte. *15 Zi. | Koblenzer Str. 56 | Tel. 02651/ 49 77 90 | Fax 416 29 | www.hotel-alter-fritz-my.de | €€*

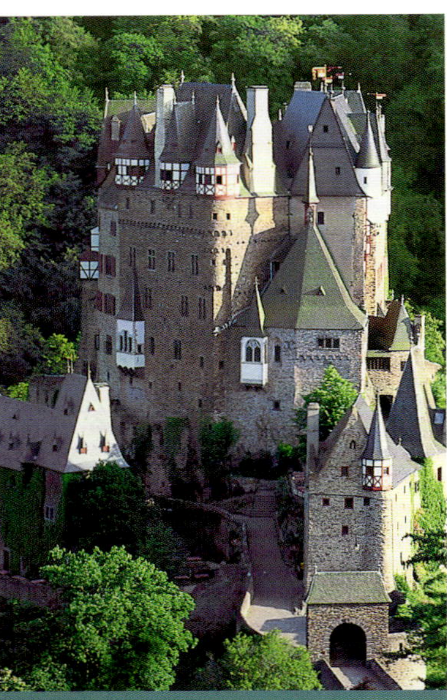

Als ob die Ritter sie eben erst verlassen hätten: die prächtige Burg Eltz

AM ABEND

BURGFESTSPIELE
Romantisch: Im Innenhof der Genovevaburg werden von Juni bis August eigene Inszenierungen von Opern und Theaterstücken (auch für Kinder) aufgeführt. Die Festspiele sind weit über die Stadtgrenzen hinaus bekannt und beliebt – rechtzeitig reservieren! *www.burgfestspiele-mayen.de*

AUSKUNFT

TOURIST-INFORMATION
56727 Mayen, Altes Rathaus | Tel. 02651/90 30 04 | Fax 90 30 09 | www.mayen.de

ZIELE IN DER UMGEBUNG

BROHLTAL [116 A–B1]
Der *Vulkanpark Brohltal/Laacher See* (20 km nördlich von Mayen) wird durch fünf Rundwanderwege (Tagestouren) erschlossen, auf denen sich die vielfältigen Erscheinungen des Vulkanismus studieren lassen. Der Ausgangspunkt einiger Touren ist auch mit der Brohltalbahn zu erreichen. Der *Vulkanexpress* wird von einer Dampflok gezogen. Im *Steinmetz-Bahnhof* von *Weibern* wird eine Sammlung Osteifler Gesteine präsentiert. Der bei Weibern gewonnene Tuff ist bei Bildhauern und Maurern gleichermaßen begehrt. Der *Geogarten* am *Bahnhof Engeln* lädt zu einem Spaziergang durch die Erdgeschichte ein. Im Rathaus von *Niederzissen* bietet das *Vulkanpark-Infozentrum* eine Ausstellung mit Vulkanmodellen. *Tourist-Information Brohltal | Rathaus, 56651 Niederzissen | Tel. 02636/194 33 | Fax 801 46 | www.brohltal.de*

BURG ELTZ ★ [116 B6]
Eine der schönsten deutschen Burgen liegt überaus malerisch bei Wierschem (22 km südlich von Mayen) im Tal des Elzbachs. Als Wohnburg hat sie acht Jahrhunderte unversehrt überstanden. Die Anfänge der Burg liegen im Dunkeln, der Name geht wohl auf das keltische Wort *Els* (Erle) zurück. In einer Urkunde von 1157 wird ein gewisser Rudolfus de

Elze genannt, der erste Nachweis der Grafen Eltz, in deren Besitz sich die Burg bis heute befindet. Der Ausbau zur heutigen Gestalt geschah im 16. und 17. Jh. Jede Linie der Grafenfamilie hat sich um den romanischen Bergfried herum ihren eigenen Flügel gebaut. In insgesamt acht Wohntürmen wohnten zeitweise bis zu hundert Menschen.

Die Burg ist nur zu Fuß erreichbar (ausgeschilderte Parkplätze bei Wierschem). Der Weg (ca. zehn Minuten) führt entlang des Elzbachs und vorbei an den Ruinen der *Burg Trutzeltz*. Sehenswert im Inneren von Burg Eltz: Rüstungen, eine Gemäldesammlung von Lucas Cranach d. Ä., die Schatzkammer mit Münzen und Schmuck sowie der so genannte Dukatenscheißer aus Elfenbein. *Burgführungen von Karfreitag bis 1. Nov. tgl. 9.30–17.30 Uhr | Eintritt 6 Euro | www.burg-eltz.de*

FRAUKIRCH **[116 B3–4]**

Auf einem freiem Feld, malerisch von alten Bäumen und den Gebäuden des ehemaligen Laacher Klosterhofes umgeben, liegt eine der ältesten Kirche der Eifel: Die Wallfahrtskirche *Fraukirch* (3 km südöstlich von Thür) wurde im 13. Jh. auf den Fundamenten einer Kirche aus dem 8. Jahrhundert gebaut. Im Inneren beeindruckt ein barocker Hochaltar aus buntem Tuffstein. An den Wänden erzählen Bilder die Hauptszenen der Genoveva-Sage nach.

MARIA LAACH ★ **[116 A3]**

Mitten in der Eifel liegt der „Garten Gottes“. So nennen die Benediktinermönche ihr *Kloster Maria Laach* (12 km nordöstlich von Mayen). Es liegt am größten Vulkansee der Eifel, dem Laacher See, und verfügt natürlich auch über eine eigene Klostergärtnerei. Die einsame Klosterkirche am See ist eines der Urbilder der deutschen Romantik. Pfalzgraf Heinrich II. stiftete 1093 die reich ausgestattete Abtei nach dem Vorbild der Kaiserdome von Speyer, Mainz und Worms.

Sie betreten die Kirche über den Vorplatz vor dem Westwerk und erreichen zunächst die Vorhalle, das sogenannte *Paradies* mit seinen eleganten Arkadenreihen. Das Außenportal ist mit Fabelwesen geschmückt, wie den Haarraufern, die sich streitend in den Haaren liegen, oder dem Teufelchen aus Stein, das auf einer Pergamentrolle die Sünden der Eintretenden notiert. Hinter dem Paradies gelangt man zum Kirchenportal,

Insider Tipp

>LOW BUDGET

- Mit der *Pellenz-Eifel-Bahn* von Kaisersesch über Mayen nach Andernach (und in umgekehrter Richtung) in weniger als einer Stunde mit wunderbaren Ausblicken. Die einfache Fahrt kostet nur 6 Euro. *www.trans-regio.de*
- Vielleicht ist Monreal das „schönste Dorf Deutschlands“ – so lautet jedenfalls die Eigenwerbung. In jedem Fall ist es der ideale Ort, um Schönes zu kleinen Preisen zu erstehen. Zum Beispiel frische Bauernprodukte in Uschis Hofladen. Oder fein aufgearbeitete Antiquitäten beim Schreinermeister Arenz. Hier kann man sich sogar ein maßgearbeitetes Möbelstück leisten. Infos: *www.monreal-eifel.de*

einem Meisterwerk romanischer Bildhauerkunst.

Im Inneren befindet sich der prächtige Steinsarkophag des Stifters. Der Altar wird von einem sechseckigen Steinbaldachin gekrönt, über dessen architektonische Einordnung sich die Kunsthistoriker den Kopf zerbrechen. In der Informationshalle am Eingang zur Abtei gibt ein Film Einblicke in das klösterliche Leben *(Ostern–Allerheiligen Mo–Sa 9–11 und 13.15–16.30, So 13.15–16.30, Allerheiligen–Ostern Mo–Sa 9.45–11 (nur nach Anmeldung) und 14.30–16.30, So 13–15.30 Uhr | Eintritt frei | www.maria-laach.de).* Zur Einkehr und zum Nachtquartier bietet sich das dem Kloster angegliederte *Seehotel Maria Laach* an *(69 Zi. | Tel. 02652/58 40 | Fax 58 45 22 | www.seehotel-maria-laach.de | €€€).*

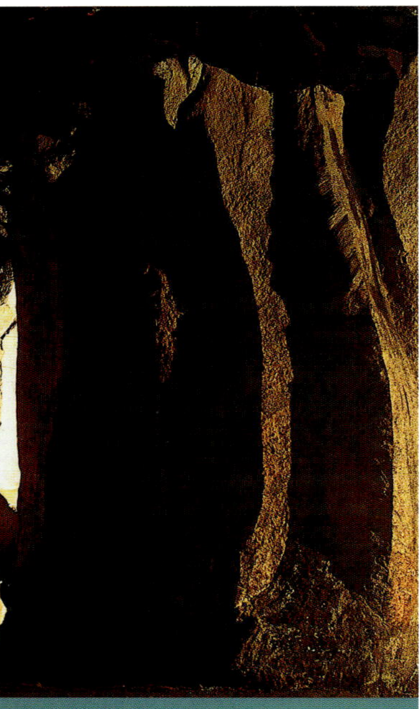

Die Basaltbergwerke bei Mendig – auch beliebt als Bierkeller

MENDIG **[116 A3]**

Stolze 28 Brauereien gab es einst in Mendig (8700 Ew., 6 km nordöstlich von Mayen). Die Stollen der früheren Basaltbergwerke eigneten sich hervorragend zur Lagerung des Bieres. Doch dann wurde der Kühlschrank erfunden, und nur eine Brauerei ist übrig geblieben – mit eindrucksvollem Basaltkeller *(Führungen Sa/So 16 Uhr | Eintritt 2,70 Euro). Restaurant tgl. | Vulkanbrauhaus, Laacher-See-Str. 2 | Tel. 02652/52 03 30 | www.vulkan-brauhaus.de | €).*

Eine besonders lohnende Reise in die Mendiger Unterwelt können Sie im *Lava-Dome* des *Vulkanmuseums* starten. Oben in der Ausstellungshalle erleben Sie, wie die Vulkane der Umgebung ausgebrochen sind, anschließend geht es tief hinunter in den Lavakeller *(Di–So 10–17 Uhr | Eintritt 8,50 Euro | Brauerstr. 1 | www.lava-dome.de).* Auf der *Museumslay* (Lay oder Ley = mundartlich für Schieferfels) wird mit einer Grubenbahn und einer Steinmetzhütte gezeigt, wie früher die Mühlsteine gewonnen wurden.

In der *Pfarrkirche St. Cyriakus* (Schlüssel im Pfarrhaus) im Stadtteil Niedermendig entdeckte man 1887 wertvolle Freskenmalereien aus der Zeit um 1300, die jahrhundertelang durch Übermalungen verdeckt waren. Empfehlenswert ist das *Hotel*

Hansa (22 Zi. | Laacher-See-Str. 11 | Tel. 02652/970 80 | Fax 97 08 13 | Restaurant Do geschl. | www.mendighansahotel.de | €€). www.mendig.de

MONREAL ★ **[115 E3]**

Malerisch ist der Blick auf Monreal (900 Ew., 8 km südwestlich von Mayen) mit seinen zwei Burgruinen und der alten Pfarrkirche. Der Ort im Tal des Elzbachs, den drei alte Bogenbrücken überspannen, gilt als schönstes Fachwerkdorf der Eifel. Die Fachwerkhäuser sind dem Aufschwung durch die Tuchindustrie im 18. Jh. zu verdanken. Fünf Zimmer bietet das *Hotel Eifler Hof (Restaurant Mo geschl. | Bahnhofstr. 2a | Tel. 02651/28 32 | €)*. Die *Weinschänke Stellwerk* im alten Bahnhof lohnt einen Besuch *(Tel. 02651/777 67). www.monreal-eifel.de*

MÜNSTERMAIFELD **[116 B5]**

Weithin sichtbar in Münstermaifeld (3500 Ew.) ist das altehrwürdige Münster mit seinen Wehrtürmen, das seit dem 11. Jh. immer wieder mit neuen Baustilen ergänzt wurde. In der Kirche mit ihrem festungsartigen Westwerk wirkte 1435 bis 1445 ein Mann, der später Kirchenfürst in Rom wurde und als letzter Universalgelehrter des Mittelalters gilt: Nicolaus Cusanus, der eigentlich Nicolaus Krebs hieß und aus Kues an der Mosel stammt.

Im Mittelschiff der Kirche beeindruckt der viel bewunderte spätgotische Münstermaifelder *Goldaltar*, um 1520 vom unbekannten Meister einer Antwerpener Werkstatt geschaffen. Die geschnitzten und vergoldeten Flügel zeigen die Heilsgeschichte. Bemerkenswert sind auch die Pfeilerbemalungen im Kirchenschiff. *www.muenstermaifeld.de*

5 km entfernt, am Wasserfall des Elzbachs, liegt der *Landgasthof Pyrmonter Mühle* unterhalb der *Burg Pyrmont* **[116 A5]**. Er bietet gehobene, regionale Küche *(8 Zi. | Eltztal 1, Roes | Tel. 02672/73 25 | €, Restaurant Do geschl. | www.pyrmonter-muehle.de | €€)*.

SAFFIG **[116 C3]**

Bei Saffig (18 km östlich von Mayen) wurde das *Informationszentrum Rauschermühle* im ★ *Vulkanpark Osteifel* eingerichtet *(April–Okt. Di–Fr 9–17, Sa/So 11–18, Nov.–März Di–So 11–16 Uhr | Eintritt 3 Euro | www.vulkanpark.com)*. Attraktion des Parks sind vier Autorouten zu vulkanischen Sehenswürdigkeiten.

Ein Wanderweg führt durch den Rauscherpark nach *Kretz* **[116 B3]** zu einem Steinbruch, in dem schon die Römer Tuffstein abbauten und ein Stollensystem hinterließen. Unter einem futuristischen Glasdach ist das *Römerbergwerk Meurin (April–Okt. Di–Fr 9–17 Uhr, Sa/So 11–18 Uhr | Eintritt 4,90 Euro, Kombikarte mit Infozentrum 7,10 Euro)* zugänglich.

SCHLOSS BÜRRESHEIM ★ **[115 F2]**

Im Nettetal liegt eines der schönsten Schlösser der Eifel. Die erstmals 1157 erwähnte Burg wurde im 17. Jh. zum Schloss ausgebaut. In dem vieltürmigen Schlösschen mit barockem Terrassengarten wird sichtbar, wie der Adel vom 12. bis 17. Jh. lebte. *April–Sept. tgl. 9–18, Okt./Nov. und Jan.–März 9–17 Uhr | Eintritt 2,60 Euro | www.burgen-rlp.de*

> WO DER ROTWEIN FLIESST

Auf den Spuren von Bacchus: Wildromantische Felsen, Ruinen und Weinberge locken ins Ahrtal

> Weinberge, mildes Klima mit viel Sonne und wenig Regen, promenieren am Fluss – auch das ist ein Stück Eifel. Das Ahrtal von Altenahr bis Bad Neuenahr-Ahrweiler zieht Naturliebhaber, Weinfreunde, Feinschmecker und Kurgäste an.

Die Ahr ist mit 5,2 km² das drittkleinste deutsche Weinanbaugebiet. Vor allem Rotweine gedeihen an den Steilhängen über dem Fluss. An den Rebhängen bildet sich ein mediterranes Kleinklima, weshalb Ahrweine – meist Blauer Spätburgunder – es durchaus mit den bekannten französischen Lagen aufnehmen. Am eindrucksvollsten lässt sich diese etwas andere Eifellandschaft auf dem Rotweinwanderweg erleben. Die Route führt über 35 km von den schönsten Aussichtspunkten zu idyllischen Winzerdörfern. Und wenn unten im Tal gerade eines der vielen Weinfeste gefeiert wird, können Sie schon einmal das Weiterwandern vergessen.

Bild: Ahrweiler und seine Weinberge

AHRTAL

ALTENAHR

[111 C–D5] **Über drei Täler, eingebettet zwischen steile Felswände, erstreckt sich diese Winzergemeinde (1700 Ew.).** Die romanische Pfarrkirche aus dem 12. Jh. und die 113 m höher auf der Engelsley gelegene Ruine ergeben zusammen ein klassisches Motiv des Ahrtals. Fachwerkhäuser bestimmen das Ortsbild, am schönsten das Wein-Gasthaus *Schäferkarre* mit einem Glockenspiel am Giebel. An Sommerwochenenden ist der Ort meist sehr überlaufen.

SEHENSWERTES

BURG ARE

Von der Burgruine bietet sich ein grandioser Ausblick über das Ahrtal. Um 1100 errichtete Graf Theoderich von Are die Burg an der engsten Stelle des Ahrtals. Die Kölner Erzbischöfe nutzten sie später als Verlies.

ALTENAHR

Im 18. Jh. trieben Raubritter auf der zerstörten Burg ihr Unwesen.

ESSEN & TRINKEN

WEIN-GASTHAUS SCHÄFERKARRE ★

Im Fachwerkhaus von 1716 werden in gepflegt-rustikalem Ambiente Wild- und Lammgerichte sowie die besten Ahrweine serviert. *Mo geschl. | Brückenstr. 29 | Tel. 02643/71 28 | €*

ÜBERNACHTEN

HOTEL-RESTAURANT RULAND

Familiengeführtes Hotel in der Ortsmitte, mit Biergarten am Ahrufer. *29 Zi. | Brückenstr. 6 | Tel. 02643/83 18 | Fax 316 | www.hotel-ruland.de | €€*

WEINGUT SERMANN-KREUZBERG

Das Familienweingut, das seit 1775 Weinbau an der Ahr betreibt, betreibt auch ein Gästehaus. *4 Zi. | Seilbahnstr. 22 | Tel. 02643/71 05 | Fax 90 16 46 | www.sermann.de | €*

FREIZEIT & SPORT

NORDIC WALKING

Der Nordic Fitness Park im Ahrtal ist mit 14 verschiedenen Parcours auf rund 1000 km gut ausgeschilderten Strecken das größte Angebot seiner Art in Europa. Es gibt zahlreiche Kursangebote. Ausgangspunkt für alle Wanderungen ist der Mayschoßer Bahnhof. *Infos: Sport Nett | Bahnhofstr. 12, 53474 Bad Neuenahr-Ahrweiler | Tel. 02641/970 00 | www.nordic-fitness-park.com*

Wo Spätburgunder und Regent lagern: der berühmte Weinkeller der Mayschoßer Winzer

AUSKUNFT

TOURIST-INFORMATION ALTENAHR

Altenburger Str. 1 a, 53505 Altenahr | Tel. 02643/84 48 | www.altenahr-ahr.de

ZIELE IN DER UMGEBUNG

KIRCHSAHR [110 C5]

In einem der schönsten Seitentäler der Ahr, dem Sahrtal, liegt das Dörfchen Kirchsahr (400 Ew.). Seine Kirche ist winzig, beherbergt aber eines der bedeutendsten Kunstwerke der Eifel: den *Kölner Passionsaltar*. In 19 Bildern zeigt er das Leben Christi *(Besucheranfragen bei Irene Mahlberg | Tel. 02643/90 35 04 | www.kirchsahr.de)*. Ein echtes Kontrastprogramm ist das benachbarte *Radioteleskop* der Max-Planck-Gesellschaft in Effelsberg. Wer sich für den Lauf der Planeten interessiert, kann an einer Besucherführung teilnehmen. *April–Okt. Di–Sa stündlich 10–16 Uhr | Tel. 02257/30 11 01 | www.mpifr-bonn.mpg.de*

MAYSCHOSS [111 D5]

In einer Biegung der Ahr liegt das Winzerdorf Mayschoß (1000 Ew.). Hauptattraktion sind die Weinkeller der ältesten Winzergenossenschaft Deutschlands, die 1868 gegründet wurde *(Mo–Fr 9–17 Uhr | Ahrrotweinstr. 42 | Tel. 02643/83 08 | www.mayschoss.de)*. Einen Besuch lohnt auch die Ruine der *Saffenburg*, der ältesten Burg der Region. Das Restaurant in der schön erhaltenen *Lochmühle (tgl. | Ahrrotweinstr. 62 | Tel. 02643/80 80 | www.hotel-lochmuehle.de | €€)* ist einer der Spitzenbetriebe im Ahrtal.

RECH [111 D5]

Die steinerne Brücke von Rech (600 Ew.) mit der Figur des Brückenheiligen Nepomuk ist ein Wahrzeichen des Ahrtals. Im Ort finden sich romantische Winzerhöfe mit Straußwirtschaften. *www.weindorf-rech.de*

REGIERUNGSBUNKER  [111 D4]

Hinter einer atombombensicheren Eisentür befindet sich der ehemals geheimste Ort der Bundesrepublik: Der gewaltige Regierungsbunker (erbaut 1960–1972) im Ahrtal ist ein absonderliches Stück deutsche Geschichte. Versteckt unter den Weinbergen, hätte er im Fall eines atomaren, biologischen oder chemischen Angriffs 3000 Menschen für 30 Tage das Überleben gesichert. Zum Kreis der Privilegierten zählte die jeweilige Bunderegierung ebenso wie Spitzenpolitiker und Staatsbeamte. 2008 wurde ein 200 m langes Teilstück als Museum und Dokumentationsstätte der Öffentlichkeit zugäng-

MARCO POLO HIGHLIGHTS

★ Wein-Gasthaus Schäferkarre
Rustikale Gerichte und passende Weine, serviert im restaurierten Winzerhaus (Seite 80)

★ Römervilla am Silberberg
Die Villa in Bad Neuenahr-Ahrweiler wird mit Funden in Pompeji verglichen (Seite 83)

★ Regierungsbunker
Tief unter den Weinbergen der Ahr versteckte die Bundesregierung fast 40 Jahre lang ein Geheimnis (Seite 81)

★ Sanct Peter
Das älteste Weingut an der Ahr lockt die Feinschmecker nach Walporzheim (Seite 85)

lich gemacht. Zu sehen sind u. a. das Zimmer des Bundeskanzlers und die Krankenstation. *Am Silberberg 0, Bad Neuenahr-Ahrweiler (am Rotweinwanderweg) | Tel. 02641/91 71 65 | Führungen März–Mitte Nov. Mi/Sa/So 10–17 Uhr | Eintritt 7 Euro | www.bunkermuseum-ahrweiler.de*

BAD NEUENAHR-AHRWEILER

[111 E4–5] **Die Doppelstadt im mittleren Ahrtal (27 600 Ew.) vereinigt zwei ungleiche Geschwister: das mittelalterlich geprägte Ahrweiler und das sich mondän gebende Kurbad Bad Neuenahr.** Der Kurort ist erst 1875 aus den Dörfern Wadenheim, Beul und Hemmessen entstanden. Ein Winzer hatte damals in seinem Weinberg warme Mineralquellen entdeckt und das Potenzial eines Heilbetriebs erkannt. Benannt wurde das Bad schließlich nach der Neuenahrer Burg. Um 1200 vom Grafen von Nuenare errichtet, wurde die Burg im 14. Jh. vollständig zerstört und geriet in Vergessenheit – bis sie Jahrhunderte später das zugkräftige Etikett lieferte. Das 36 Grad warme Wasser der Willibrordusquelle hilft bei Diabetes sowie Darm-, Leber-, Gallen- und Nierenleiden. Probieren können Sie das Heilwasser in der Trinkhalle im Kurgarten. Das Wasser der Apollinarisquelle wird in großem Stil vermarktet: In Flaschen abgefüllt, wird es unter dem Etikett „Königin der Mineralwässer" weltweit vertrieben. Rund um die Heilquellen hat sich das Kurviertel angesiedelt.

Ein ganz anderes Bild bietet *Ahrweiler*. Der mittelalterliche Mauerring umschließt Fachwerkhäuser, in denen sich Boutiquen und Weinstuben eingerichtet haben. Es lässt sich angenehm durch den autofreien Stadtkern schlendern. Sehenswert sind das *Wolffsche Haus* mit seinem reich verzierten Erker und der *Blanckartshof* von 1680, in dessen Scheuer sich heute ein Kunstatelier befindet. Den *Marktplatz*, auf dem Winzer- und Weihnachtsmärkte stattfinden, prägt das Stadtbild wie die Kirche *St. Laurentius* und das alte *Rathaus*, ein Spätrokokobau von 1778.

Etwas versteckt liegt die *Burg Adenbach* mit dem Kolventurm. Wer die 74 Stufen hinaufsteigt, dem eröffnet sich ein romantisches Panorama über die Dächer von Ahrweiler. Wer Ahrweiler und Bad Neuenahr auf einen Blick sehen will, sollte auf

> LOW BUDGET

- Ahr-Rotweine kaufen Sie am besten direkt beim Winzer oder bei den Winzergenossenschaften. Meist kann man den Einkauf mit einer Kellerführung und einer Weinprobe verbinden. www.wohlsein365.de
- Für 15 Euro wartet in Neumagen-Dhron ein einmaliges Erlebnis auf Sie: eine Fahrt mit dem Römerweinschiff „Stella Noviamagi" auf der Mosel. Vorlage für den schwimmfähigen Nachbau waren Funde aus dem Grabmal eines römischen Weinhändlers. *Fahrzeiten: April–Okt. Sa 16–17.30, So 10.30–12 Uhr | Infopavillon Weinschiff | Tel. 06507/70 20 61 | www.neumagener-weinschiff.de*

den Calvarienberg hinaufgehen. Früher wurden hier Verbrecher hingerichtet, heute betreiben die Ursulinen auf dem Berg ein Kloster.

erhaltene Villa wird oft mit den Ausgrabungen von Pompeji verglichen. *März–Nov. Di–So 10–17 Uhr | Eintritt 4 Euro | Am Silberberg*

Das Kurhaus in Bad Neuenahr, dessen Heilwässer weltberühmt sind

SEHENSWERTES

KURVIERTEL

Das Zentrum des Kurbetriebs von Bad Neuenahr ist der Kurgarten mit den Badehäusern. Um die Parkanlagen gruppieren sich Hotels, Cafés und die Spielbank. An der Ahr aufwärts geht es zum Dahliengarten, der im Spätsommer farbenfroh leuchtet.

RÖMERVILLA AM SILBERBERG ★

1980 stießen die Bagger beim Ausbau der B 267 auf eine archäologische Sensation: ein römisches Herrenhaus aus dem 1. Jh. Die sehr gut

STADTMAUER VON AHRWEILER

Eine Rarität, die das Mittelalter lebendig werden lässt, ist die bis heute noch vollständig erhaltene Mauer. Der Bau (angelegt 1250) umschließt den Ortskern auf einer Länge von 1,8 km, an einigen Stellen wird er von einem begehbaren Wehrgang bekrönt. Vier Stadttore gewähren wie damals Einlass in die Altstadt.

WEISSER TURM

Den Weißen Turm teilten sich einst die Zweige eines Rittergeschlechts als Wohnturm. Er gilt als der nörd-

BAD NEUENAHR-AHRWEILER

lichste Geschlechterturm Europas (spätes 13. Jh.). Heute beherbergt er das Stadtmuseum. Prunkstücke sind die *Ahrtor-Madonna* (14. Jh.) und das Relief einer Kreuzwegstation. *März–Dez. Mi–So 10–17 Uhr | Eintritt 1,50 Euro | Altenbaustr. 5*

ESSEN & TRINKEN

WINZERHOF KÖRTGENS

Eifler Spezialitäten, Sekt und Wein aus eigener Herstellung im lauschigen Hof oder in der Straußenwirtschaft genießen. *Oberhutstraße 16, Ahrweiler | Tel. 02641/371 13 | www.koertgens.de* | €

Futuristische Badelandschaft: Ahrthermen in Bad Neuenahr

ÜBERNACHTEN

HOHENZOLLERN

Oberhalb der Römervilla in den Weinbergen gelegenes Haus mit schönem Ausblick. Direkt am Rotweinwanderweg. *25 Zi. | Am Silberberg 50 | Tel. 02641/97 30 | Fax 59 97 | www.hotelhohenzollern.com* | €€€

LINDENMÜHLE

Wenige Gehminuten zur Altstadt Ahrweilers, inmitten eines großen Gartens. *25 Zi. | Am Mühlenteich 7 | Tel. 02641/343 53 | Fax 90 83 12 | www.hotel-lindenmuehle.de* | €€

FREIZEIT & SPORT

AHRTHERMEN

Futuristisch gestaltete Badelandschaft mit Thermalbecken, Solarien und Fitnessanlagen. *Tgl. 9–23 Uhr | Eintritt 9,90 Euro für 2 Std., 13,90 Euro für die Tageskarte an Wochentagen | Felix-Rütten-Str. 3 | www.ahrthermen.de*

KLETTERGARTEN

Die Pfeiler einer unvollendeten Brücke können hier mit Seil und Haken bezwungen werden. Der Klettergarten ist auch für Anfänger gedacht, die sich erstmals mit den Techniken des Aufsteigens und Abseilens vertraut machen wollen. *Ab 15 Euro, Voran-*

meldung erforderlich: Tel. 02641/ 22 27 oder 0221/720 08 59 | Wilhelmstr. 47 | www.seilpark.de

AM ABEND

SPIELBANK BAD NEUENAHR-AHRWEILER

Hier wird „korrekte Kleidung" erwartet, aber nicht unbedingt Krawatte. Zutritt ab 18 Jahren. Ausweispflicht. Roulette, Baccara, Black Jack und Automatenspiele. *Tgl. ab 14 Uhr, Schnupperroulette jeden Samstagabend | Felix-Rütten-Str. 1 | Tel. 02641/757 50 | www.spielbank-bad-neuenahr.de*

AUSKUNFT

TOURIST-INFORMATION BAD NEUENAHR-AHRWEILER

Hauptstr. 80 und Blankartshof 1 | Tel. 02641/917 10 | www.ahrtal.de

ZIELE IN DER UMGEBUNG

BURG LANDSKRON [111 F4]

Von Heimersheim (3 km östlich von Bad Neuenahr) erreichen Sie in einer 40-minütigen Wanderung den Gipfel der *Landskrone* (272 m) mit wunderbarem Blick über das untere Ahrtal. Die Burgruine stammt aus dem Jahr 1204.

DERNAU [111 D4]

Dernau (1900 Ew.) ist eine der größten Weinbaugemeinden des Ahrtals mit vielen Straußwirtschaften und Möglichkeiten zur Weinverkostung. Ahraufwärts liegt die efeubewachsene Ruine des *Klosters Marienthal,* in der sich heute ein renommiertes Weingut mit Ausschank befindet *(Tel. 02641/98 06 00 | Fax 98 06 20).* Lauschiger Übernachtungstipp: Das Gästehaus *Im Burggarten* erinnert an ein provenzalisches Landhaus. *5 App. | Burgstr. 6/12 | Tel. 02643/79 84 | www.kreuzberg-burggarten.de | €€€*

Insider Tipp

HEPPINGEN [111 E4]

Gourmets zieht es nach Heppingen (1000 Ew.), um in *Steinheuers Restaurant (Di und Mi geschl. | Landskroner Str. 110 | Tel. 02641/948 60 | www.steinheuers.de | €€€)* zu schlemmen. Preiswertere, kreative Regionalküche bieten die *Poststuben (€€)* im selben Haus.

WALPORZHEIM [111 D5]

Das Tor zum Ahrtal wird Walporzheim (700 Ew., 2 km westlich von Ahrweiler) genannt, weil es am Beginn des tief in die Felsen eingeschnittenen Steilabschnitts liegt. In einem 1246 erbauten Haus, das dem Kölner Domstift vermacht wurde, befindet sich heute das Gourmetrestaurant ★ *Sanct Peter,* das Feinschmecker von weither anzieht. Dem Haus angeschlossen ist das älteste Weingut der Ahr *(Do geschl. | Walporzheimer Str. 134 | Tel. 02641/ 977 50 | Fax 97 75 25 | www.sanct-peter.de | €€€).*

Zwischen Walporzheim und Dernau befindet sich die *Bunte Kuh,* ein Felsvorsprung, der die Bundesstraße überragt. Angeblich sieht der Felsen von weitem einem Tierkopf ähnlich. Einer Sage nach hatte ein Mädchen gewettet, sie könne den Felsen besteigen, um ihre Strümpfe zu wechseln und eine Flasche Wein zu leeren. Sie gewann die Wette und erhielt dafür eine bunte Kuh. Aber egal, woher der Name stammt, die Bunte Kuh gehört zu den schönsten Stellen des Ahrtals.

Insider Tipp

> AUF DEN SPUREN DER NATUR

Die Eifel von ihrer schönsten Seite: Radeln entlang der Maare, zu Fuß auf dem Rotweinwanderweg oder mobil durch den Nationalpark

Die Touren sind auf dem hinteren Umschlag und im Reiseatlas grün markiert

1 RUND UM DEN NATIONALPARK EIFEL

Auf dieser Autotour lernen Sie die wald- und wasserreiche Nordeifel rund um den Nationalpark Eifel kennen. Der Park selbst ist nur zu Fuß zu erforschen. Die Tour hat eine Länge von etwa 150 km und führt teilweise über den neu angelegten Eifelsteig.

Die Tour, für die Sie einen Tag einplanen sollten, beginnt und endet im Kneippkurort Gemünd. Der kleine Ort war einmal ein Zentrum der frühen Eisenindustrie, heute werden Wellness und Erholung in der Natur groß geschrieben. Folgen Sie der B 265 Richtung Köln. Nach etwa 2 km verlassen Sie die Bundesstraße und biegen nach links ab auf die Landstraße durch den **Kermeter-Wald,** der bereits zum **Nationalpark Eifel** *(S. 19 und 38)* gehört. Wenn Sie der L 249 Richtung Heimbach folgen, gelangen

Bild: Fachwerkhäuser am Monschauer Marktplatz

AUSFLÜGE & TOUREN

Sie zum **Kloster Mariawald**, einer Abtei der Trappistenmönche. Die *Klostergaststätte* wird gerühmt für ihre Erbsensuppe *(tgl. 10–18 Uhr | Tel. 02446/95 06 16 | www.mariawald.de | €)*. Auch Milch, Fleisch und Kräuterlikör aus der Produktion der Mönche wird hier verkauft. Wenn Sie nach *Heimbach (S. 41)* fahren, lohnt sich ein Abstecher zum **Jugendstilwasserkraftwerk** in der historischen Turbinenhalle. Jeden Sommer findet hier das Kammermusikfestival *Spannungen (Tel. 02421/97 16 83 | www.spannungen.de)* statt.

Von Heimbach geht es die Rur abwärts über das Fachwerkörtchen **Abenden** *(S. 41)* nach **Nideggen** *(S. 39)*. Hier folgen Sie der L 11 Richtung Hürtgenwald. Hinter Brandenberg biegen Sie rechts ab nach Obermaubach und erreichen über Untermaubach und Straß die Höhe bei Gey. Dort geht es links auf die B 399

Richtung Simmerath. Bald verlassen Sie wieder das Hochland: 2 km hinter Germeter geht es erst hinunter ins Kalltal, dann wieder hinauf nach Rollesbroich. Vorbei an der **Rurtalsperre Schwammenauel** *(S. 41)* führt der Weg nach nach **Woffelsbach** und **Rurberg** – dort legen die Schiffe der Rurseeflotte *(www.rursee-schifffahrt.de)* an. Nutzen Sie die Gelegenheit für eine Rundfahrt über den See.

Von Rurberg fahren Sie weiter an der Talsperre entlang und erreichen am Hof Rösberg die B 266. Folgen Sie der Straße nach rechts, verlassen sie nach 1 km wieder nach links und fahren über die L 106 über idyllischen Dörfchen durchs **Rurtal** *(S. 39)*. Bei Hammer fallen die Felsen der Uhusley senkrecht zum Fluss hinab: ein spektakulärer Anblick! Weiter geht es durchs enge Rurtal, das Sie erst bei Widdau in Richtung Imgenbroich verlassen, wo Sie der B 258 Richtung Aachen folgen. Jetzt sind Sie im **Monschauer Heckenland** mit seinen haushohen Windschutzhecken.

In Konzen verlassen Sie die Bundesstraße und fahren über die L 106 zum Höhendorf **Mützenich** *(S. 38)*, das idyllisch in der Hochmoorlandschaft liegt. Hier beginnt das weit nach Belgien hinein reichende Hohe Venn. In Mützenich halten Sie sich links und erreichen das Tuchmacherstädtchen **Monschau** *(S. 37)*.

Weiter geht es über die B 399 (Richtung Bütgenbach/ Belgien). Im Höhendorf **Kalterherberg** *(S. 38)*, dessen markante Kirche Eifeldom genannt wird, geht es links durch die Arnoldystraße zurück ins Perlenbachtal. In diesem Tal blühen im Frühjahr Millionen wilde Narzissen. In der *Perlbacher Mühle (Do–Di tgl. | Tel. 02472/28 20 | www.perlbacher-muehle.de | €€)* können Sie fangfrische Forellen essen.

Über die B 258 fahren Sie weiter. Im Luftkurort **Schleiden** lohnt ein Besuch der Schlosskirche. Im Inneren überraschen ein kunstvolles gotisches Gewölbe und schöne Fenster mit Glasgemälden. Im Ort biegen Sie nach links auf die B 265 und gelangen durchs Oleftal wieder nach Gemünd.

2 UNTERWEGS AUF DEM ROTWEINWANDERWEG IM AHRTAL

KARTE IN DER HINTEREN UMSCHLAGKLAPPE

Zwischen Weinbergen und Felsklippen schlängelt sich der Rotweinwanderweg 35 km lang über die Höhen des Ahrtals von Bad Bodendorf bis Altenahr. Auf dieser Tour werden Sie das schönste Stück von Ahrweiler bis Altenahr erwandern. Die Wanderung hat eine Länge von etwa 22 km und ist in sechs Stunden gut zu schaffen. Ein Abstieg in die Talorte zur Verkürzung oder Einkehr ist überall möglich.

Die Wanderung beginnt am Bahnhof von **Ahrweiler** *(S. 82)*. Nachdem Sie über die Bahnhof- und Wilhelmstraße in Richtung Altstadt gegangen sind, biegen Sie nach rechts in die Elligstraße ein und überqueren die Bundesstraße und Bahnlinie. Dann geht es die Straße hinauf, bis Sie auf den Rotweinwanderweg stoßen, in den Sie nach links einbiegen. Der mit roter Traube auf weißem Grund markierte Weg führt zunächst zur Winzerkapelle. Danach geht es durch die Weinberge und ein Stück durch den Wald bis einer Schutzhütte. Auf der ganzen Wegstrecke sind Teile einer

Eisenbahnlinie zu sehen, deren Bau während des Ersten Weltkrieges begonnen, aber nie fertiggestellt wurde. Von einem Parkplatz bei der Weinlage Pfaffenberg lohnt sich ein kurzer Abstecher zum Aussichtspunkt **Bunte Kuh** *(S. 85)*.

Zurück auf dem Wanderweg, geht es weiter zum Gasthaus **Altenwegshof** *(Mi–Mo | www.altenwegshof.de. | €)*, das Wein sowie hausgemachte Marmeladen und Wurst anbietet. Seinen Durst löschen kann man auch 300 m weiter – beim Weingut **Försterhof** *(tgl. | www.foersterhof.de | €)*.

Der Weg führt jetzt in die Weinlage Trotzenberg zum Aussichtspunkt Fischley. Der Blick zurück auf die Bunte Kuh verrät, wie die tierkopfförmige Felsformation zu ihrem Namen gekommen ist. Nun geht es hinunter zur **Klosterruine Marienthal** *(S. 85)*, vorbei an den Eingängen des **Regierungsbunkers** *(S. 81)*. Danach schlängelt sich der Weg wieder hinauf in die Weinberge nach **Dernau** *(S. 85)* und zum Aussichtspunkt Mosesquelle. Achtung: Hier wird die Piste eng und rutschig. Bald öffnet sich der Blick auf **Rech** *(S. 81)*. Über einen schmalen Pfad geht es an bizarren Felsformationen vorbei, dann liegt das Winzerdorf **Mayschoß** *(S. 81)* unter Ihnen. Durch ein kleines Waldstück gelangen Sie zum schönsten Aussichtspunkt der Strecke, dem Ümerich. Auf einem Felsen gegenüber von Mayschoß liegt die **Ruine Saffenburg** *(S. 81)*, in der Ferne erhebt sich die Ruine der **Burg Are** *(S. 79)*, die Sie bald erwandern. Von der Burg führt der Weg dann hinunter in den Zielort **Altenahr** *(S. 79)*. Dort können Sie bequem in Bus oder Bahn steigen und nach Ahrweiler zurückfahren *(www.ahr-rotweinwanderweg.de)*.

Der roten Traube auf der Spur sind die Wanderer auf dem Rotweinwanderweg

3 AUF DEN SPUREN VON JIM KNOPF

Aus dem Schienenweg, den einst die Dampfloks von der Mosel in die Eifel hinaufkeuchten, ist einer der schönsten Radwege im Land der Vulkanberge geworden: der Maare-Mosel-Radweg. Am elegantesten schafft man die 58 km von Daun bis Bernkastel-Kues „von oben" her: Lassen Sie sich einfach rollen. Wer mehr Ehrgeiz hat, kann es auch in umgekehrter Richtung versuchen.

Die gesamte Tour dauert ca. 4 Stunden. Die Strecke ist vorbildlich ausgeschildert, sodass Sie sich eigentlich nicht verfahren können. Da kaum Straßen gekreuzt werden, ist der Radweg auch für Familien mit Kindern bestens geeignet. Die Trasse ist durchgehend asphaltiert, bietet sich also auch für Inliner an.

Auf dieser Tour durch das Herz der Vulkaneifel bis hinunter zur Mosel erleben Sie geologische Highlights wie Maare und Vulkankuppen. Die Tour starten Sie in **Daun** *(S. 55)*, dem Zentrum der Vulkaneifel und früheren Sitz eines bedeutenden Grafengeschlechts. Am ehemaligen Dauner Bahnhof beginnt der Radweg.

Gleich die ersten Meter sind atemberaubend: Vom 28 m hohen Viadukt eröffnet sich ein wunderbarer Blick auf das Kurstädtchen. Am Anfang der Tour geht es sanft bergauf, eine erste Abkühlung können Sie im tropfenden Wasser des **Großen Schlitzohrs** finden. So wird ein 560 m langer Tunnel genannt, durch den früher die Züge donnerten. Im Gegensatz zu den Zeiten, als hier Dampfloks durchfuhren, ist der Tunnel allerdings beleuchtet. Hinter dem Schlitzohr geht es fast nur noch bergab – bis hinunter zur Mosel senkt sich die Trasse um fast 300 Höhenmeter.

Vorbei am **Schalkenmehrener Maar** *(S. 58)*, dem größten der Dauner Maare, fahren Sie durch das **Naturschutzgebiet Sangweiher**. Wer Glück hat, kann hier Fischreiher beobachten. In **Gillenfeld** gibt es Gelegenheit zur Rast

Romantischer Endpunkt einer tollen Tour: Bernkastel-Kues überragt von der Burg Landshut

an einer *Radfahrer-Tankstelle (Gaststätte Zur Bubenlay | Di geschl. | Bahnhofstr. 2 | Tel. 06573/95 35 95 | €)*. Auch Abstecher zur **Glockengießerei** in Brockscheid *(S. 65)* und zum **Vulkanhaus Strohn** *(S. 59)* sind möglich.

Vorbei am kleinen, aber idyllischen *Holzmaar*, kommen Sie nach Eckfeld, wo Sie im *Bauern-Café (Mo geschl., Nov.–Ostern nur am Wochenende geöffnet | www.bauernhof-cafe-morgenfelderhof.de | €)* einkehren können. Unterhalb des ehemaligen Klosters Buchholz geht es nach **Pantenburg** (20 km ab Daun). Wer zwei Tage lang radeln will, kann die Tour hier unterbrechen und sich nach Niedermanderscheid zum gewaltigen Komplex der **Burgruinen von Manderscheid** *(S. 64)* hinunterrollen lassen. Den besten Blick auf das Burgenensemble haben Sie von der Straße, die hinauf nach Manderscheid führt. Dort können Sie in einem der Gasthöfe übernachten und die Tour am nächsten Morgen in Pantenburg fortsetzen.

Ab Pantenburg geht es fast nur noch bergab bis zur Mosel (stärkstes Gefälle 2,5 Prozent, denn die Trasse wurde ja schließlich einmal für keuchende Dampfloks gebaut). Über Laufeld und Hasborn führt der Weg durch Laubwälder hinunter nach Plein ins wildromantische Flusstal der Lieser – auch hier wieder Viadukt und Tunnel. Vorbei an **Lüxem**, dem Dorf der Tabakbauern, geht es hinein in die „Säubrenner-Stadt" **Wittlich** *(S. 66)*. Nach einer Pause in einem der vielen Cafés fahren Sie weiter nach Platten. Die raue Eifellandschaft öffnet sich, Weinberge begleiten nun die Radler nach **Noviand** und **Maring**. In diesen Winzerörtchen lässt sich noch eine Pause einlegen.

Bei Lieser kommt die Mosel in Sicht, entlang des Ufers sind es jetzt nur noch wenige Minuten bis zum Kueser Busbahnhof in **Bernkastel-Kues**. Eine Besichtigung des romantischen Moselstädtchens (über die Moselbrücke hinüber ins Bernkasteler Zentrum) lohnt sich. Auch ein Gläschen Wein können Sie ohne Bedenken probieren, denn nach Daun geht es auch gemütlich im Fahrradbus zurück (vorher unbedingt buchen unter *www.regioradler.de*; der Radelbus hält auch in Manderscheid, wo man die Tour unterbrechen kann). *Informationen: Kur- und Verkehrsamt Daun | Leopoldstr. 5, 54550 Daun | Tel. 06592/951 30 | Fax 95 13 20 | www.eifel-radtouren.de; Fahrrad-Servicestationen in Daun (Fun Bike | Trierer Str. 1 | Tel. 06592/38 83 | www.fun-bike-daun.de) und in Wallscheid (Jupps Fahrradverleih | Holzmaarstr. 3 | Tel. 06572/41 83 oder 0171/525 15 35).*

EIN TAG RUND UM TRIER

Action pur und einmalige Erlebnisse.
Gehen Sie auf Tour mit unserem Szene-Scout

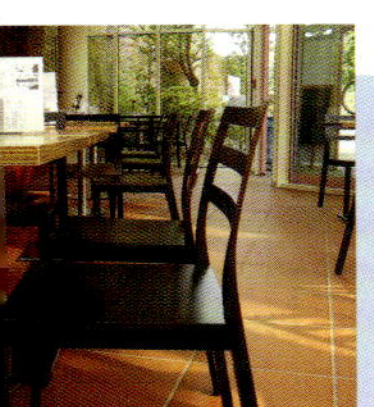

MUSEUMSFRÜHSTÜCK

10:00

Im *Café Zeitsprung* starten Kulturfans in den Tag. Das Museumscafé ist in vier Bereiche aufgeteilt. Einfach auf der romantischen Terrasse oder im Wintergarten Platz nehmen und genießen. Wie wär's z. B. mit einem Champagnerfrühstück mit dem tollen Namen Kurfürstliche Begierde? **WO?** *Zugang im Palastgarten, Weimarer Allee 1, Trier | www.zeitsprung-cafe.de*

11:00

ÜBERBLICK VERSCHAFFEN

Zusammen mit dem erfahrenen Piloten Stefan Scherf geht es hoch hinaus. Der 20-minütige Rundflug u. a. über die Staustufe Detzem, Trier und die Saarmündung eröffnet neue Perspektiven. **WO?** *Treffpunkt: Flugplatz Föhren | Anmeldung unter Tel. 0651/710 37 48 | Kosten: ca. 50 Euro | www.moselrundflug.de*

EIFELSCHMAUS

12:30

Hunger? Perfekt, denn Familie Daus serviert in Wittlich für die Region typische Gerichte. Wie wär's z. B. mit einem traditionellen Eifelschmaus? Dieser besteht aus einer gebratenen Fleischwurstscheibe mit einem Spiegelei und Kartoffelsalat. Wer's lieber klassisch mag, der bestellt ein saftiges Steak vom Angus-Rind. **WO?** *Restaurant Daus, Karrstr. 19-21 | Tel. 06571/916 20 | www.restaurant-daus.de | Mi. geschl.*

14:00

VULKANERLEBNIS

Dem Geheimnis des Vulkanismus in Strohn gehen Interessierte auf dem *Vulkanerlebnispfad* auf den Grund. Dabei wird u. a. geklärt, warum man durch den längsten Lavastrom der Eifel mitten hindurch gehen kann. Außerdem lässt sich an einer alten Steinbruchwand der Aufbau eines Schlackenkegelvulkans gut erkennen.

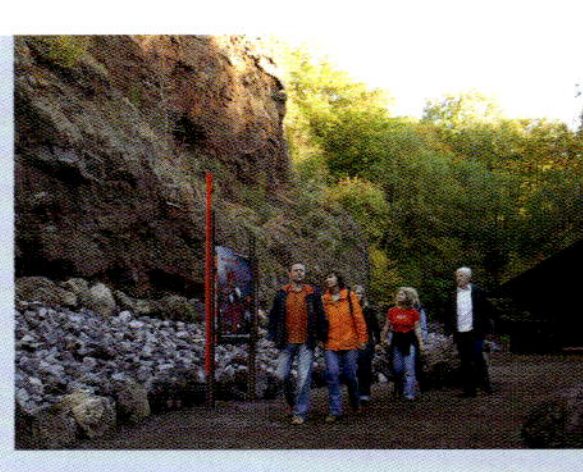

WO? *Treffpunkt: Vulkanhaus Strohn, Hauptstr. 38, Strohn | Anmeldung unter Tel. 06573/95 37 21 | Kosten: 3 Euro | www.vulkanhaus-strohn.de | ab 5 Personen*

24 h

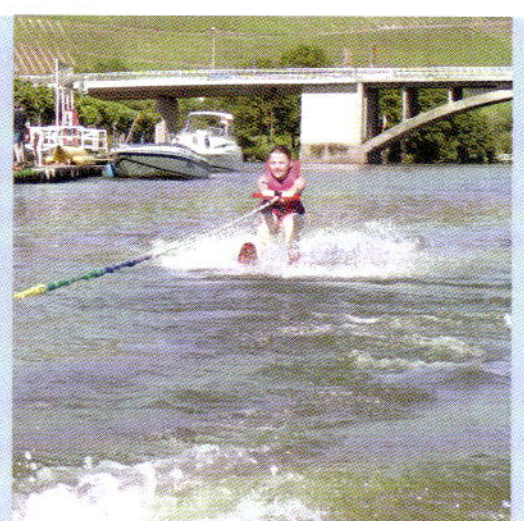

JETZT WIRD'S NASS!

17:00

Erfrischung gefällig? Skier anschnallen, gut festhalten und los geht's! Im *Yacht- und Wassersportclub Schweich* flitzen Abenteuerlustige auf Wasserskiern über die Mosel. Keine Sorge, beim Anfängerkurs hat jeder fünf Startversuche! **WO?** *Am Yachthafen, Schweich | Anmeldung unter Tel. 06502/913 00 | Kosten: 18 Euro | www.yachtclub-schweich.de*

19:00

EDLER TROPFEN

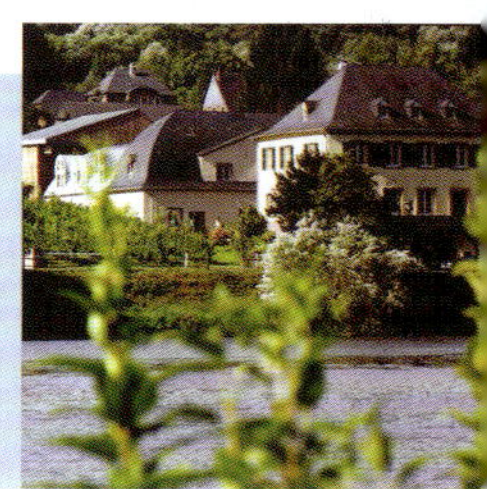

Raimund Prüm führt am *Weinberg Wehlener Sonnenuhr* eines der besten Weingüter der Region und lädt zu einer Weinprobe an der Mittelmosel. Nach der Kellerführung serviert der Chef in der *Vinothek Schwalbenhaus* acht verschiedene Rieslingweine. **WO?** *Weingut S. A. Prüm, Uferallee 25-26, Wehlen | Anmeldung unter Tel. 06531/31 10 | Kosten: 12 Euro | www.sapruem.com*

DEUTSCH-FRANZÖSISCHES DINNER

21:00

Im Restaurant *Schlemmereule* erwartet Feinschmecker ein internationales Dinner mit französischen Touch. Für besonders romantisches Ambiente sorgen Vorhänge, die als Sichtschutz zwischen den einzelnen Tischen dienen. Tipp: Fr und Sa wird das Dinner von einem Pianisten untermalt. **WO?** *Domfreihof 1 b, Trier | Reservierung unter Tel. 0651/736 16 | www.schlemmereule.de | So. geschl.*

23:00

DELUXE CLUBBING

In Trier erwartet die *Havanna-Lounge* Nachtschwärmer mit leckeren Cocktails, gemütlichen Ledersesseln und stylisch rot-weißem Wanddekor. Von Mittwoch bis Samstag öffnet im Kellergewölbe der *Mycro-Club*, wo zu Clubsounds bis in die frühen Morgenstunden getanzt wird. **WO?** *Viehmarktplatz 8, Trier | Tel. 0651/976 49 96 | www.havanna-trier.com*

> DIE EIFEL IST IDEAL FÜR AKTIVE

Golfen oder Klettern, Angeln oder Wandern: Zwischen Aachen und Trier gibt es genug Möglichkeiten für Action

ANGELN

An den Flüssen und Bächen, Seen und Weihern ist Angeln fast überall erlaubt (genaue Angaben über die örtlichen Tourist-Informationen). Besonders beliebt ist das Fliegenfischen. Die Kurverwaltung Manderscheid veranstaltet regelmäßig Wochenendkurse, bei denen es erlernt werden kann *(www.manderscheid.de/tourist/D/sehenswu/fliege1.htm)*. Kurse bietet auch die *Eifler Fliegenfischerschule Rolf Renell | Tel. 02204/745 46 oder 06591/98 58 72*

BALLONFAHREN

★ Ein besonderes Himmelserlebnis verspricht eine Ballonfahrt über Vulkane und Maare. Allerdings: Die Passagiere müssen mit anpacken, bis sich der Heißluftballon in die Lüfte erhebt. Preis pro Passagier ab 160 Euro, z.B. bei *Eifel-Ballooning (Wirichstr. 8, Daun | Tel. 06592/*

Bild: Kanuten auf dem Pulvermaar in der Vulkaneifel

SPORT & AKTIVITÄTEN

98 54 65 | Fax 98 54 67 | www.eifel-ballooning.de).

GOLF

Die Eifel ist in den letzten Jahren zu einer gefragten Golfregion geworden. Fast alle Anlagen bieten Drives für Anfänger, Fortgeschrittene und Profis. Gleich drei Golfplätze gibt es rund um Bitburg. Der größte ist das *Golf Resort Bitburger Land (Hermesdorf | Tel. 06527/927 20)*, das zu den besten Golfplätzen Deutschlands zählt und auch über eine Golfschule verfügt. Weitere Plätze gibt es bei Baustert, Burbach, Hillesheim, Bad Münstereifel, Mechernich-Satzvey und Bad Neuenahr-Ahrweiler. Infos: *www.golf.de*

KANU

Eifel-Flüsse wie Our, Sauer, Prüm, Kyll und Elz sind bei Kanufahrern beliebt. Insbesondere die Irreler Wasserfälle, auf denen auch internationale Wettbewerbe ausgetragen werden, sind eine Herausforderung für besonders sportlichen Kanuten. Viel beliebter ist aber das gemütliche Gleiten. Insider Tipp **Kanus für Our und Sauer** können Sie entweder in Luxemburg bei *Outdoor Freizeit (10, rue de la Sure, L-6350 Dillingen | Tel. 00352/86 91 39 | Fax 86 91 43 | www.outdoorfreizeit.lu)* mieten. Die Boote werden in Echternach wieder abgeholt. Einen Verleih (inkl. Transport) bietet außerdem *Familie Richard (Altschmiede, am Campingplatz | Bollendorf | Tel. 06526/375 | www.camping-altschmiede.de/kanuverleih.html)*.

KLETTERN

Das Klettern ist aus Naturschutzgründen nicht überall erlaubt. In der Nordeifel sind der Effels, die Hirtzley und der Krefelder Hüttenfels zugänglich. Berechtigungskarten fürs Klettern (beschränkte Personenzahl) gibt's an der Aral-Tankstelle in Nideggen *(Servicetel. 02427/13 09 | www.rureifel-tourismus.de)*. Bei Gerolstein ist das Klettern auf einem ehemaligen Korallenriff, der Hustley, nach Genehmigung durch das Tourismusbüro Gerolsteiner Land *(www.gerolsteiner-land.de)* möglich. Im Sauertal dürfen Sie an den Sandsteinfelsen der Luxemburger Schweiz nördlich von Echternach klettern, nach Genehmigung durch die Forstverwaltung *(www.berdorf.lu)*. Im Ahrtal bei Bad Neuenahr-Ahrweiler finden Sie einen zum Klettergarten umgebauten Brückenpfeiler *(www.seilpark.de)*. Bei Mayen kann man sich im Hochseilgarten von Wipfel zu Wipfel schwingen. *(Adventure Forest | Tel. 06541/81 77 72 | www.move-up-gmbh.de)*

MOTORSPORT

Ganz nah kommen Sie dem Rennsport auf der Nordschleife des Nürburgrings. Der alte Rundkurs bietet 73 Kurven auf 20,8 km Länge. Jeder kann die Strecke im eigenen Auto oder auf dem Motorrad ausprobieren. Wer es etwas rasanter möchte, kann auch eine Fahrt im **Renntaxi** buchen, Insider Tipp einem 507 PS starken M-BMW, der von einem Profirennfahrer gesteuert wird. Wer anfangen will wie Michael Schumacher, dem steht die Indoorkartbahn in der *Erlebniswelt Nürburgring* zur Verfügung. Kurse zur Verbesserung der eigenen Fahrpraxis bietet das Fahrsicherheitszentrum *(www.nuerburgring.de)*. Wer selbst Formel-1-Rennfahrer werden will, der kann bei der *Zakspeed-Rennfahrerschule* Kurse für die Lizenz buchen *(Tel. 02691/933 90 | www.zakspeed.de)*. Mit dem nötigen Kleingeld (4650 Euro) können Sie sich sogar in einem originalen Formel-1-Boliden auf die Piste wagen.

RAD FAHREN

Das Radwegenetz der Eifel ist sehr gut ausgebaut. Besonders empfehlenswert ist der 58 km lange Mosel-Maare-Radweg auf einer ehemaligen Bahnstrecke von Daun nach Bernkastel-Kues. Eine Übersicht über die schönsten Strecken gibt das „Radmagazin" der *Eifel-Tourismus GmbH (Kalvarienberg 1, Prüm | Tel. 06551/965 60 | Fax 96 56 96 | www.eifel-radtouren.de)*. Bad Münstereifel *(www.mtb-eifel.de)* ist das

Paradies der Mountainbiker mit 300 km ausgeschilderten Wegen.

REITEN

Durch Wälder, Wiesen und vorbei an Vulkankuppen auf dem Rücken eines Pferdes – die Eifel ist eine Landschaft wie gemacht für Reiter. Ein Netz von 60 Wanderreitstationen unter dem Motto „Eifel zu Pferd" erleichtert die Tourenplanung. Infos: *Rolf Rossbach | Auf dem Dackscheid, 54619 Großkampenberg | Tel. 06559/930 51 | Fax 930 52 | www.eifelzupferd.de*

SEGELN

Auf einigen Talsperren der Nordeifel können Sie segeln, z.B. auf dem Rursee, auf dem Kronenburger und dem Freilinger See sowie im Staubecken Obermaubach. Die Sportbootschule *Becker-Wassersport (Am Rechtob 21, Heimbach | Tel. 02446/14 97 | Fax 80 99 92 | www.becker-wassersport.de)* am Rursee bietet den kompletten Service vom Erwerb von Sportbootführerscheinen bis zum Bootsverleih.

WANDERN

Vorbei an schlafenden Vulkanen, Römerstätten und Eiszeitseen: 2008 wurde der *Eifelsteig* eröffnet. Der Weitwanderweg führt auf 313 km von Aachen nach Trier. Die naturbelassenen Pfaden sind in 15 Einzeletappen aufgeteilt und eignen sich auch für Tages- und Wochenendwanderungen. Es gibt ausgearbeitete Tourprogramme – wer will, kann sich sogar das Gepäck transportieren lassen *(www.eifelsteig.de)*. Viele Eifelorte bieten auch thematische Wanderwege an, z.B. zur Geologie, auf alten Pilgerrouten oder entlang des Römerkanals in der Nordeifel *(Informationen über die örtlichen Tourist-Informationen und den Eifelverein | www.eifelverein.de*. Besonders romantisch ist der Virneburg-Weg, der vorbei an Burgen und Heidelandschaft führt. Er ist einer von elf ausgewiesenen Rundwanderwegen, den Traumpfaden *(www.traumpfade.info)* Insider Tipp

WINTERSPORT

Bei ausreichend Schnee locken die Wintersportzentren mit Liften, Loipen und Rodelbahnen. Die bekanntesten sind der Schwarze Mann und die Wolfsschlucht bei Prüm, der Mäuseberg bei Daun, Monschau-Rohren, der Weiße Stein bei Udenbreth sowie Hollerath bei Hellenthal. An allen Zentren ist bei passender Wetterlage ein Schneetelefon eingerichtet.

Wie Spiderman: Kletterer bei Gerolstein

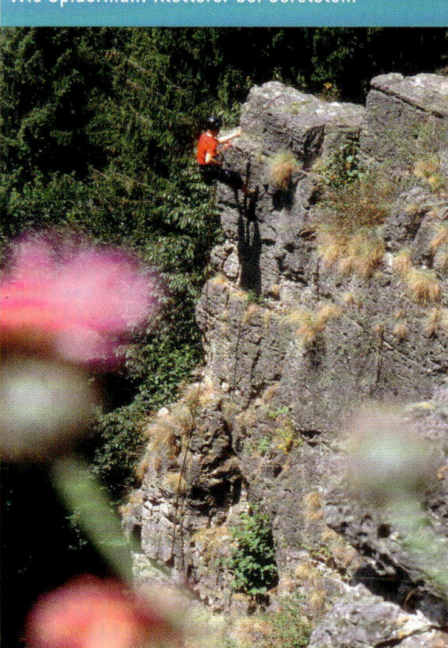

> LAGERFEUER UND HÖHLENTOUREN

Ponyreiten, Sommerrodeln oder doch lieber mit dem Ranger auf Streifzug? Die Eifel macht Kinder glücklich

> Die Eifel ist eine familienfreundliche Ferienregion. Auf Burgen wird die Zeit der Ritter und Knappen lebendig. In Wildparks lassen sich heimische Tiere aus der Nähe beobachten. Freilichttheater bieten im Sommer Aufführungen speziell für Kinder. All das ist ein Spaß für die ganze Familie.

NORDEIFEL

BROTBACKEN FÜR KINDER

Auf dem Dromigthof [112 B5] wird frisches Brot in einem alten Steinofen gebacken – wie zu Großmutters Zeiten. Im Sommer können Kinder mitbacken *(Anmeldung erforderlich | Dorfstr. 15, Kesfeld | Tel. 06559/721 | www.dromigthof.de)*.

FOSSILIEN PRÄPARIEREN [109 F5]

In der Nordeifel sind u. a. Korallen zu finden, die hier einmal in einem warmen Urmeer gelebt haben. Im Naturzentrum Eifel erfahren Kinder, wie man Fossilien findet und präpapiert.

Bild: Eifelpark Gondorf

MIT KINDERN REISEN

April–Okt. jeden 3. So im Monat, in den Ferien dreimal wöchentlich, Anmeldung erforderlich | Urftstr. 2–4, Nettersheim | Tel. 02486/12 46

Insider Tipp **MIT DEM RANGER IM URWALD** [109 E4]
Streifzüge durch die Urwälder von morgen unter Führung eines richtigen Rangers: Das bietet der Nationalpark Eifel an. Wer möchte, kann die Ranger auch während ihres ganz normalen Arbeitstages begleiten *(Infos: Tel. 02444/951 00 | www.nationalpark-eifel.de/kinder)*. Während der Sommerferien bietet das Nationalparkforstamt auch Wildniscamps für Kinder und Jugendliche an. *Infos: Wildniswerkstatt Düttlingen | Tel. 02446/80 51 52*

WESTEIFEL

EIFELPARK [119 F3]
Der Eifelpark Gondorf, 8 km östlich von Bitburg, ist der größte Wild- und

Erlebnispark der Eifel. Mit Bären, Gämsen, Steinböcken, Murmeltieren und Wildkatzen sowie Attraktionen von der Wellenrutschbahn bis zur Familien-Achterbahn. *Wildpark mit Fahrattraktionen tgl. 9.30–17, in den Sommerferien bis 18 Uhr; nur Wildpark zwischen Herbstferienende und Karfreitag tgl. 10–16 Uhr | Eintritt: Kinder 9,50 Euro, Erw. 14,50 Euro, Familienkarte 42 Euro | Tel. 06565/95 66 33 | www.eifelpark.de*

SCHLAFEN IM HEU ★

Den Duft von frischem Heu erlebt man am intensivsten, wenn man darin schläft. Damit man sich nicht einen Heuschober suchen muss, bieten zwei Höfe im Bitburger Land „Schlafen im Heu". [119 D2] *Nengshof (Hauptstr. 13, Wißmannsdorf | Tel. 06527/776 | www.nengshof.de),* [118 B4] *Landgasthaus Hinkelshof (Hauptstr. 14, Körperich-Seimerich | Tel. 06566/930 46 | www.hinkelshof.de)*

TEUFELSSCHLUCHT [119 D5]

Die Teufelsschlucht ist ein ganz enger Durchschlupf zwischen 40 m hohen, bizarren Sandsteinfelsen. Oberhalb der Schlucht liegt ein Besucherzentrum, in dem sich Naturdetektive betätigen können. *Ernzen bei Irrel | Tel. 06525/93 39 30 | www.teufelsschlucht.de*

VULKANEIFEL

HÖHLENTOUR [113 F4]

Mühlsteine wurden früher aus dem Basalt, der erloschenen Vulkanlava, herausgemeißelt. Geblieben sind bis heute große Höhlen, z.B. bei Hohenfels-Essingen. Während der Oster-, Sommer- und Herbstferien gibt es dazu ein Ausflugsangebot. Bis zum Eingang in die Unterwelt reiten die Kinder auf Ponys, die Erwachsenen müssen laufen. Taschenlampen nicht vergessen! *13 Euro pro Kind | Touristinfo Gerolsteiner Land, Brunnenstr. 10, Gerolstein | Tel. 06591/94 99 10 | www.gerolsteiner-land.de*

Ob auf der Weide oder im Wildpark – Tiere sind immer faszinierend

Insider Tipp

JEEPSAFARI [113 E1–F3]

Mit einem Geländewagen auf Entdeckungsreise durch die Vulkanlandschaft – ein tolles Erlebnis für die ganze Familie. Start ist in Stadtkyll oder Hillesheim. *Arduinna-Erlebnistouren, Berndorf | Tel. 06593/99 83 27 | www.arduinna.de*

SCHIENENBUSFAHRT [113 F4–115 E4]

Früher verkehrten sie auf den Nebenstrecken und brachten Kinder zur Schule und Erwachsene zur Arbeit. Auf der Eifel-Querbahn-Strecke von Gerolstein nach Kaisersesch fährt an Wochenenden wieder der Schienenbus, Räder können mitgenommen werden. *Vulkan-Eifel-Bahn, Bahnhofstr. 4, Gerolstein | Tel. 06591/94 99 87 10 | www.eifelquerbahn.de*

Insider Tipp

SCHULMUSEUM IMMERATH [114 C6]

Kreide statt Computer – so heißt das Motto im alten Schulhaus. In Immerath kann man erleben, wie Unterricht vor 150 Jahren ausgesehen hat. Für Schulklassen kann eine richtige Schulstunde organisiert werden. *April–Okt. Do 14–17 Uhr und nach Vereinbarung | Eintritt 2, Kinder 1,50 Euro | Immerath, Hauptstraße | Tel. 06573/274*

WASSERDETEKTIVE [113 F4]

Auf die Spuren des Mineralwassers begeben sich die kleinen Forscher mit einem Geo-Ranger. Es geht zur Helenenquelle im Gerolsteiner Kurpark. Experimentiert wird mit Brause und Luftballons. *In den Sommer- und Herbstferien freitags um 14.30 Uhr | Kinder zahlen 5 Euro, erwachsene Begleitperson frei | Treffpunkt Tourist-Information Gerolsteiner Land*

OSTEIFEL

TOLLI-PARK MAYEN-HAUSEN [116 A3]

Wie der Name schön verrät: Hier können Kinder ausgiebig tollen. Kletterburg mit Wackelbrücke, Streichelzoo, Bungee-Trampoline, Mega-Wellenrutsche, Vulkan mit Röhrenlabyrinth – alles, was das Kinderherz begehrt. *Nikolaus-Otto-Straße, Industriegebiet Mayener Tal | Mo–Fr 14–19, Sa/So und in den Ferien 10.30–19 Uhr | Eintritt Kinder 6,90 Erw. 3,90 Euro | www.tolli-park.de*

VULKAN-EXPRESS [116 A1]

Insider Tipp

Eine Dampflok zieht den Vulkan-Express das Brohltal hinauf. „Express" ist etwas übertrieben, denn während der Fahrt bleibt viel Zeit, um die Landschaft zu betrachten. Spannend wird es an der Steilstrecke – dann gibt die Lok alles, was in ihr steckt. Informationen: *Verkehrsbüro Brohltal | Kapellenstr. 12, Niederzissen | Tel. 02636/803 03 | www.vulkan-express.de*

AHRTAL

FREILICHTBÜHNE SCHULD [110 C6]

Ob Jim Knopf, Meerjungfrau Arielle oder Aladins Wunderlampe: Seit 60 Jahren macht die Schulder Laienspielschar im Sommer Theater – auch für Kinder. *Tel. 02695/318 | www.freilichtbuehne-schuld.de*

SOMMERRODELBAHN [111 D5]

In einer Edelstahlröhre saust der Schlitten über sieben Kurven ins Tal. *April–Okt. tgl. 10–18, Sa/So bis 19, in den Sommerferien tgl. 19, Nov.–März Sa ab 13, So ab 11 Uhr bis zur Dunkelheit | Einzelfahrt 2 Euro | Altenahr-Kalenborn | www.sommerrodelbahn-altenahr.de*

> VON ANREISE BIS WETTER

Urlaub von Anfang bis Ende: die wichtigsten Adressen und Informationen für Ihre Eifelreise

ANREISE

AUTO

Aachen, Köln, Bonn, Koblenz und Trier sind die nächstgelegenen größeren deutschen Städte auf dem Weg in die Eifel. In den Nachbarländern sind das Luxemburg, Lüttich und Maastricht.

Durch Autobahnen ist die Region bestens erschlossen. Am Nordrand der Eifel verläuft die A 4 von Köln nach Aachen. Aus Hamburg über Köln bzw. aus dem Süden von Saarbrücken/Frankreich führt die A 1 in die zentralen Teile der Eifel; zwischen Blankenheim und Daun weist sie noch eine Lücke auf. Am Ostrand der Eifel entlang führt die A 61 von Köln nach Ludwigshafen. Von ihr aus ist das Ahrtal gut zu erreichen. Die A 3 Köln–Frankfurt ist am Dernbacher Dreieck über die A 48 mit der Ost- und Vulkaneifel verknüpft. Von Lüttich/Verviers (Belgien) führt die A 60 nach Wittlich zur A 1. Über die A 60 sind Ziele in der Westeifel zu erreichen.

BAHN

Die Strecke Köln–Euskirchen–Gerolstein–Trier–Saarbrücken führt durch die Eifel und wird im Stundentakt bedient. Am südlichen Rand der Eifel verläuft die Strecke Koblenz–Bullay–Wittlich–Trier. Von Düren fährt die Rurtalbahn nach Heimbach.

PRAKTISCHE HINWEISE

Von Bonn gelangt man über Euskirchen nach Bad Münstereifel. Von Remagen führt die Ahrtalbahn nach Ahrbrück mit Busanschlüssen von und nach Adenau. Von Andernach nach Kaisersesch verkehrt die Eifel-Pellenz-Bahn.

FLUGZEUG

Die nächsten Flughäfen sind Düsseldorf, Köln/Bonn und Luxemburg. Hahn/Hunsrück wird nur aus dem europäischen Ausland angeflogen.

AUSKUNFT

Es gibt keine zentrale Informationsstelle für die gesamte Eifel, wohl aber Auskunftsstellen für die einzelnen Regionen. Daneben geben örtliche Tourist-Informationen Auskunft.

NORD-, WEST- UND VULKANEIFEL: EIFEL-TOURISMUS (ET) GMBH

Kalvarienbergstr. 1, 54595 Prüm | Tel. 06551/965 60 | Fax 96 56 96 | www.eifel.info

OSTEIFEL: RHEIN-MOSEL-EIFEL-TOURISTIK

Bahnhofstr. 9, 56068 Koblenz | Tel. 0261/10 84 19 | Fax 300 27 97 | www.remet.de

AHRTAL: TOURISMUS & SERVICE GMBH AHR RHEIN EIFEL

Klosterstr. 3–5, 53507 Marienthal | Tel. 02641/977 30 | Fax 97 73 73 | www.wohlsein365.de

CAMPING

Über 25 Campingplätze mit durchweg hohem Standard verteilen sich über das Gebiet. Oft sind sie sehr schön gelegen, im Wald oder an Fluss- oder Seeufern. Einen Überblick gibt die Broschüre *Eifel-Camping*, erhältlich bei der *Eifel-Tourismus GmbH | Tel. 06551/965 60 | Fax 96 56 96 | www.eifel.info*

WAS KOSTET WIE VIEL?

KAFFEE	**1,50–1,80 EURO** für eine Tasse
SCHIFFFAHRT	**8 EURO** Rundfahrt auf dem Rur-Stausee
WEIN	**3–3,50 EURO** für ein Glas offenen Ahr-Wein
NÜRBURGRING	**22 EURO** im eigenen Auto durch die Nordschleife
SNACK	**2,20–2,50 EURO** für eine Currywurst
BUSFAHRT	**5,60 EURO** für die Strecke von Bitburg nach Prüm

FERIEN AUF DEM BAUERNHOF

Schon einmal eine Kuh gemolken? Hühner gefüttert und Eier gesammelt? Kartoffeln eigenhändig ausgebuddelt oder Brot gebacken? Unter dem Motto „Naturlaub bei Freunden“ haben sich Gast-Bauernhöfe der Eifel zusammengeschlossen. Neben dem Anschauungsunterricht durch das Mitleben auf dem Bauernhof bieten viele auch ein interessantes Programm, z. B. „Der Bauerngarten“: alles übers Ernten, Entsaften, Gefrieren und Liköransetzen. *Auskunft: Eifel-Tourismus GmbH | Tel. 06551/965 60 | Fax 96 56 96 | www.eifel.info*

GELD & PREISE

Geldautomaten gibt es auch in größeren Dörfern.

Die Eifel ist noch immer ein preisgünstiges Pflaster. Die Hotel- und Pensionspreise liegen spürbar unter dem deutschen Durchschnitt. Nur in Touristenzentren wird manchmal kräftig zugelangt. Da kann es sich lohnen, bei der Suche nach Restaurants und einem Quartier einige Kilometer weit ins Umland zu fahren.

Wer in der Nähe von Luxemburg ist, sollte zum Tanken über die Grenze fahren, dort ist das Benzin wesentlich günstiger. Gleiches gilt für Zigaretten und Schokolade.

INTERNET & WLAN

www.eifellive.de – besonders aktuelle Veranstaltungshinweise und Tipps. *www.eifel.de* – das Portal für die gesamte Eifel mit guten touristische Informationen. *www.eifelreise.de* – bietet 430 Ortsbeschreibungen mit Sehenswürdigkeiten. *www.eifelwetter.net* – aktuelle Wetterberichte. *www.eifel-ardennen-wandern.com* – Praktische Tipps zum Wandern in der Eifel und den Ardennen mit Tourenvorschlägen und Streckeninfos. *www.eifel-ardennen-wasserland.com* – Wissenswertes zu etwa 40 Seen und Maaren in der Eifel. *www.eifel-art.de* – Die wichtigsten Termine aus dem Eifler Kulturkalender. *www.volksfreund.de* und *www.rheinzeitung.de* – aktuelle Informationen zum Tagesgeschehen und Hinweise auf

WETTER IN MANDERSCHEID

	Jan.	Feb.	März	April	Mai	Juni	Juli	Aug.	Sept.	Okt.	Nov.	Dez.
Tagestemperaturen in °C	2	4	7	12	16	20	21	21	18	13	6	3
Nachttemperaturen in °C	–3	–2	–1	2	6	9	11	10	8	5	1	–2
Sonnenschein Std./Tag	2	2	3	5	6	7	7	6	5	4	2	1
Niederschlag Tage/Monat	12	10	9	10	9	9	10	11	9	10	11	11

Veranstaltungen bieten die Internetseiten der Tageszeitungen *Trierischer Volksfreund* und *Rhein-Zeitung*.

Internetcafés und WLAN-Angebote finden sich in der Eifel nur vereinzelt – entsprechende Angebote gibt es in den *Häusern der Jugend* in Bitburg, Prüm, Daun, Gerolstein, Wittlich und Mayen. Eine Verbindung von Kulturkneipe und Internetcafé bietet *Arte* in Bettingen bei Bitburg *(Prümtalstr. 5 | Tel. 06527/931 40)*. In allen Gemeinden des Landkreises Bitburg-Prüm gibt es außerdem öffentlich zugängliche Computer mit Internetanschluss, meist in den Gemeindehäusern.

JUGENDHERBERGEN

Die schönste Jugendherberge der Eifel ist wohl *Burg Monschau*. Die alte Ritterburg ist nicht nur das Wahrzeichen der Stadt, sondern auch ein beliebtes Quartier für junge Menschen aus aller Welt. *www.burg-monschau.jugendherberge.de*

Weitere Jugendherbergen finden Sie in Altenahr, Bad Münstereifel, Bad Neuenahr-Ahrweiler, Blankenheim, Bollendorf, Daun, Gemünd, Gerolstein, Hellenthal, Manderscheid, Mayen, Monschau-Hargard, Nideggen, Prüm, Simmerath und Trier. *www.djh.de*

KLIMA

Die Eifel liegt im Einflussbereich des atlantischen Großklimas mit wechselhaftem Wetter zwischen Sonnenschein und Regen. Am regenreichsten und relativ rau sind Nordeifel, Hohes Venn und Schneifelkamm, weil sich die feuchte atlantische Luft beim Aufsteigen am Gebirgsrand abregnet. Deutlich trockener und auch wärmer sind das Ahrtal und die Osteifel, besonders in windgeschützten Lagen. Im Frühherbst, von September bis Oktober, herrschen meist beständige Hochdrucklagen und damit sonniges Wetter – das ist die beste Reisezeit für die Eifel. Im Winter ist vor allem in den höheren Lagen mit Schnee und Glatteis zu rechnen, auch wenn es in den letzten Jahren kaum zu einer längeren Wintersportsaison gereicht hat.

ÖFFENTLICHE VERKEHRSMITTEL

Neben den Bahnlinien gibt es quer durch die Eifel zahlreiche regionale Buslinien, die die Gemeinden verbinden. Allerdings sind viele dieser Linien vor allem auf den Bedarf von Schülern ausgerichtet. Ausführliche Informationen über den rheinland-pfälzischen Teil der Eifel finden Sie unter *www.spnv-nord.de*. Informationen über die Nordeifel unter *www.avv.de* und *www.dkb-dn.de* (Dürener Kreisbahn). Übrigens: Viele Hoteliers holen ihre Gäste an der nächsten Haltestelle ab.

RHEINLAND-PFALZ-CARD

Freien Eintritt zu 144 Freizeitattraktionen in ganz Rheinland-Pfalz, darunter auch zwölf in der Eifel (u. a. Deutsches Schieferbergwerg, Historische Wassermühle Birgel, Villa Otran, Burg Eltz, Ahr-Thermen, Vulkanpark Osteifel) gewährt die *Rheinland-Pfalz-Card*. Die 24-Stunden-Karte kostet 29 Euro, für 3 beliebige Tage innerhalb der Saison muss man 39 Euro, für die 6-Tageskarte 55 Euro bezahlen. *www.rlp-info.de/card*

Postkutsche am Rursee

> UNTERWEGS IN DER EIFEL

Die Seiteneinteilung für den Reiseatlas finden Sie auf dem hinteren Umschlag dieses Reiseführers

REISE ATLAS

AACHEN
STOLBERG
(Rheinland)
DONNERBERG
GRESSENICH
SCHEVENHÜTTE
Diepenlinchen
Krewinkel
MAUSBACH
Joaswerk
Bend
Tierpark
BEVERAU
Aachen-Brand
Krauthausen
Bauschenberg
Münster
BRAND
DORFF
VICHT
Stollenwerk
Wehebach talsperre
Hitfeld
Aachener Wald
Eich
Entenplatz
Kornelimünster
Breinigerberg
Münsterau
AC-Lichtenbusch
OBERFORSTBACH
KORNELIMÜNSTER
BREINIG
Iternberg
Rochenhaus
Forst Wenau
Siedlung Kleinhau
Schleckheim
ländchen
Hahn
VENWEGEN
ZWEIFALL
Hürtgenwal
Hürtgen
Lichtenbusch
Todleger
Freyent
Brandenburg
WALHEIM
Vichtbach
Friesenrath
Mulartshütte
Staats-
Drei-Kaiser-Eichen
Germeter
Sief
Schmithof
Raffelsbrand
Vossenack
Itterbach
Pützhag
Raeren
Rotterdell
Rott
forst
Hasselbach
Weißer Wehebach
Rotzer Wehebach
Hürtgen
Rotz
Knoppenburg
Schossent
Münsterwald
Dreilägerbach-talsperre
Langschoß
Peterberg
Simonskall
Kommerscheidt
Monschau
Simmerather Wald
Der Buhlert
Raerenerwald
Roetgen
Petergensfeld
Waldsiedlung
Kallstausee
Naturpar
Hechelscheid
Weidenbroich
Kämpchen
Roetgener Wald
Rollesbroich
Lammersdorf
Schwerzfeld
Weser
Steckenborn
Strauch
Paustenbach
Rurberg
Eupener Stausee
Lac d'Eupen
Hertogenwald
Monschauer
Bickerath
Witzerath
Kesternich
Siedlung Hoscheit
Simmerath
Rauchenauel
Entenpfuhl
BELGIË
Aderich
Huppenbroich
Seifenauel
KONZEN
Eicherscheid
Route Fagnes et Lacs
Steling
Dedenborn
Erkensruhr
Brackvenn
Hargard
IMGENBROICH
Rur
Hammer
Menzerath
Sommerbobbahn
Widdau
MÜTZENICH
MONSCHAU
Staats-
Hirschrott
Venn- und Seen-Route
Hohes Venn
Hautes Fagnes
Eschweide
Heidgen
ROHREN
Parc
Kreuz im Venn
Gut Reichenstein
HÖFEN
Heckenland
forst
Pannensterzkopf
Ruitzhof
Perlenbach talsperre
Alzen
SCHÖNESEIF
Kuchelscheid
Fagne Wallone
Naturel
BELGIQUE
KALTERHERBERG
Monschau
Wahlerscheid
Wildfreig
Oleftal
Centre Nature
Monument Pietkin
Bosfagne
Sourbrodt
Forêt Domaniale d'Elsenborn
Forêt Domaniale de Hasselpat
Forst
Chapelle de Cheneux
Andrifosse
Reinhardstein
Robertville
Outre-Warche
Elsenborn
Hautes-Fagnes/
Nidrum
Stausee Bütgenbach
Champagne
Gueuzaine
Bélair
Bütgenbach
Berg
Wirtzfeld
Rocherath
Eifel
Enkelberg
Enkelbergmühle
3km
112

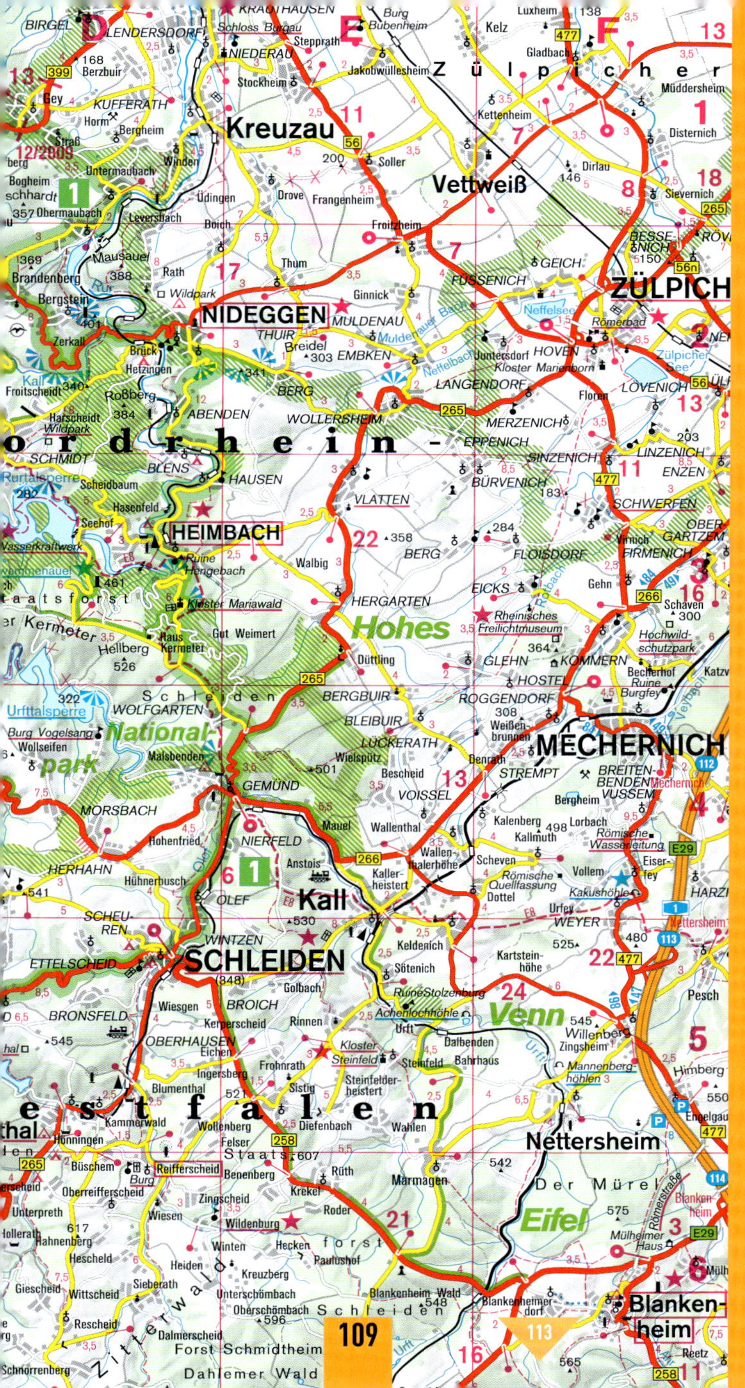
D
E
F
13
BIRGEL
LENDERSDORF
KRAUTHAUSEN
Schloss Burgau
Burg Bubenheim
Luxheim
138
Kelz
477
Gladbach
168
Berzbuir
399
NIEDERAU
Stepprath
Jakobwüllesheim
Z ü l p i c h e r
Müddersheim
Gey
KUFFERATH
Stockheim
Kettenheim
1
Disternich
Horm
Bergheim
Kreuzau
11
56
Straß
12/2009
Untermaubach
Winden
200
Soller
Vettweiß
Dirlau
146
18
Bogheim
Üdingen
Drove
Frangenheim
8
Sievernich
265
Obermaubach
357
Leversbach
Boich
Froitzheim
BESSENICH
150
RÖVENICH
56n
Mausauel
Rath
Thum
17
GEICH
369
Brandenberg
388
FÜSSENICH
ZÜLPICH
Bergstein
Wildpark
Ginnick
NIDEGGEN
MULDENAU
Neffelsee
Römerbad
401
THUIR
Mulde
Zerkall
Brück
Breidel
303
EMBKEN
Juntersdorf
HOVEN
Kloster Marienborn
Zülpicher See
Hetzingen
341
Kall
Froitscheidt
340
LANGENDORF
Floren
LÖVENICH
56
Roßberg
384
BERG
Harscheidt
Wildpark
ABENDEN
WOLLERSHEIM
265
MERZENICH
13
o r d r h e i n -
EPPENICH
203
SCHMIDT
BLENS
SINZENICH
LINZENICH
Rurtalsperre
HAUSEN
11
ENZEN
282
Scheidbaum
BÜRVENICH
477
Hasenfeld
VLATTEN
183
SCHWERFEN
Seehof
HEIMBACH
22
358
284
OBER-GARTZEM
Wasserkraftwerk
Ruine Hengebach
Walbig
BERG
FLOISDORF
Virnich
FIRMENICH
461
Gehn
16
a a t s f o r s t
Kloster Mariawald
EICKS
266
Schaven
300
Kermeter
Haus Kermeter
Gut Weimert
HERGARTEN
Rheinisches Freilichtmuseum
Hochwild-schutzpark
Hellberg
526
Hohes
364
Düttling
GLEHN
KOMMERN
Becherhof Ruine
Katzvey
265
HOSTEL
Burgfey
322
S c h l e i d e n
BERGBUIR
ROGGENDORF
Urfttalsperre
WOLFGARTEN
308
Weißenbrunnen
Burg Vogelsang
National-
BLEIBUIR
MECHERNICH
Wollseifen
LÜCKERATH
park
Malsbenden
Wielspütz
Denrath
112
501
Bescheid
13
STREMPT
BREITENBENDEN
GEMÜND
VOISSEL
Mechernich
Bergheim
VUSSEM
4
MORSBACH
Mauel
Kalenberg
498
Lorbach
Wallenthal
Kallmuth
Römische Wasserleitung
Hohenfried
NIERFELD
E29
Wallenthalerhöhe
Scheven
Eiserfey
HERHAHN
Anstois
Kallerheistert
Römische Quellfassung
Vollem
6
1
Hühnerbusch
Dottel
Kakushöhle
HARZHEIM
541
OLEF
Kall
1
Urfey
530
WEYER
Nettersheim
SCHEUREN
WINTZEN
480
113
ETTELSCHEID
SCHLEIDEN
Keldenich
525
Kartsteinhöhe
22
477
(848)
Sötenich
Golbach
Pesch
Ruine Stolzenburg
24
BRONSFELD
Wiesgen
BROICH
Achenlochhöhle
Venn
545
Willenberg
5
Kerperscheid
Rinnen
Urft
Zingsheim
545
OBERHAUSEN
Eichen
Dalbenden
Kloster Steinfeld
Bahrhaus
Mannenberghöhlen
Himberg
Frohnrath
Steinfeld
Ingersberg
Sistig
Steinfelderheistert
550
Blumenthal
521
e s t f a l e n
Engelgau
Kammerwald
Wollenberg
Diefenbach
Wahlen
Nettersheim
477
Hönningen
Felser
258
Staats
607
265
Büschem
Reifferscheid
Benenberg
Rüth
542
Burg
Marmagen
D e r M ü r e l
114
Oberreifferscheid
Zingscheid
Krekel
Römerstraße
Blankenheim
Unterpreth
Wiesen
Roder
Eifel
575
Hollerath
617
Wildenburg
21
Hahnenberg
Mülheimer Haus
E29
Hescheld
Winten
Hecken
f o r s t
Paulushof
Heiden
Kreuzberg
Giescheid
Wittscheid
Sieberath
Unterschömbach
Blankenheim Wald
548
Blankenheimerdorf
Blankenheim
Oberschömbach
S c h l e i d e n
596
Rescheid
Dalmerscheid
Z i t t e r w a l d
Forst Schmidtheim
113
16
Urft
Reetz
565
258
11
Schnorrenberg
Dahlemer Wald

3km
Weiler-
swist
Mertener Heide
RÖSBERG
ERP
FRIESHEIM
Neuheim
Kreuz Bliesheim
Klein Vernich
Groß Vernich
Metternich
Burg Kriegshoven
Dützhöfe
WEILER
BORR
NIEDER-BERG
SCHEUREN
Gertruden-hof
Horchheim
Lommersum
Hausweiler
Schwarzmaar
Swisttal-Heimerzheim
Heimerzheim
ROVENICH
NIEDER-ELVENICH
Mülheim
WICHTERICH
Müggen-hausen
Neu-kirchen
Derkum
Schneppenheim
Ottenheim
Straßfeld
Dünstekoven
OBERELVENICH
Oberwichterich
Bodenheim
Nordrh
NEMMENICH
FRAUENBERG
WÜSCHHEIM
Ollheim
Vershoven
Capellen
Börde
Euskirchen (Doppelanschluss)
GROSS-BÜLLESHEIM
Swisttal
ÜLPENICH
KESSENICH
Burg
Mömerzheim
Miel
DÜRSCHEVEN
ELSIG
KLEIN-BÜLLESHEIM
DOM-ESCH
Ludendorf
Sankt Martin
Kleeburg
WEIDESHEIM
Essig
"Peppenhoven"
ENZEN
EUENHEIM
NIEDERDREES
Wißkirchen
WISSKIRCHEN
EUS-
KIRCHEN
KUCHENHEIM
Odendorf
Westfa
OBER-GARTZEM
Burg Veynau
ROITZHEIM
OBER-DREES
PALMERSHEIM
RHEINBACH
STOTZHEIM
SATZVEY
BILLIG
RHEDER
FLAMERSHEIM
Burg Ringsheim
Glasmuseum
Haus Zievel
Hochwild-schutzpark
KREUZ-WEINGARTEN
NIEDER-KASTENHOLZ
Waldau
LESSENICH
Maria Rast
Hardtburg
SCHWEINHEIM
Römische Wasserleitung
KIRSPENICH
KIRCHHEIM
Speckelstein
MERZBACH
Katzvey
ANTWEILER
KALKAR
Kloster Schweinheim
LOCH
Bruder-Klaus-Kapelle
Burg Kirspenich
Queckenberg
Irlenbusch
Rißdorf
WACHENDORF
ARLOFF
Steinbach Stausee
Römisches Kalkwerk
Steinbach-talsperre
Hardt
Neukirchen
WEILER
IVERSHEIM
Eichen
Kurtenberg
Hahnenberg
Berscheidt
Mechernich
ESCHWEILER
Naturpark
HOLZHEIM
Radioteleskop Stockert
BAD
MÜNSTEREIFEL
SCHEUREN
Burg Heistard
Hirnberg
Stadtbefestigung
Unterdickt
Maulbach
Freisheim
GILSDORF
RODERT
HOUVERATH
HARZHEIM
NÖTHEN
HOHN
Knippberg
Eichen
Nettersheim
Heidentempel
Eifelbad
Scheuerheck
Wald
Limbach
Lanzerath
Kolvenbach
EICHERSCHEID
Holzem
Häselingen
Unterkrälingen
Hohes
Venn
EFFELSBERG
Kirchsahr
Oberkrälingen
Pesch
Bouderath
Bergrath
Michelsberg
Radioteleskop Effelsberg
Binzenbach
Roderath
SCHÖNAU
MAHLBERG
Reckerscheid
Burgsahr
Soller
Hürnig
Himberg
Holzmülheim
Kopnück
Esch
Willerscheid
Hummerzheim
Plittersdorf
Langscheid
Sasserather Heide
Lind
Engelgau
Frohngau
Buir
ODESHEIM
Obliers
Honerath
Eifel
Bröhlingen
Nitterscheid
Berresheim
Tondorf
Blindert
Mutscheid
Ellesheim
RUPPERATH
Ruine Wensburg
Falkenberg
Sasserath
HILTERSCHEID
Blankenheim
Hümmel
Marthel
Heistert
OHLERATH
Laubachshof
Lindweiler
Pitscheid
Sierscheid
Liers
Harscheid
Rohr
Schuld
Mülheim
Wershofen
Ohlenhard
Dümpelfeld
Junkerberg
Insul
Feriendorf Freilingen
Frohnhofen
Winnerath
Niederadenau
Reetz
Lückenbach
Fuchshofen
114

BONN
Beuel
Hangelar
ST. AUGUSTIN
NIEDERPLEIS
HENNEF
Sieg
BERGHEIM
HERSEL
GRAU-RHEINDORF
AUERBERG
SCHWARZ-RHEINDORF
VILICH-MÜLDORF
NIEDERBERG
BUSCHDORF
Bornheim (Rheinld.)
Roisdorf
Deutsche Alleenstraße
Dambroich
HOLZLAR
HOVEN
Doppelkirche
Pützchen
VILICH
PÜTZCHEN
HOHOLZ
RAUSCHENDORF
DRANSDORF
Beethoven-halle
Beethoven-haus
Münster
LIMPERICH
BEUEL
Ennertberg
NIEDERHOLTORF
STIELDORF
MESSDORF
ENDENICH
LESSENICH
Gielsdorf
Oedekoven
Impekoven
Poppelsdf. S.
POPPELSDF.
Natur-park
VINXEL
OBERKASSEL
OELINGHOVEN
Bockeroth
Wahlfeld
Stieldorferhohn
OBERPLEIS
HARDTBERG
LENGSDORF
Venusberg
KESSENICH
OBERDOLLENDORF
THOMASBERG
Hardthöhe
BRÜSERBERG
DOTTENDORF
IPPENDORF
PLITTERSDORF
HEISTERBACHERROTT
Kloster Heisterbach
Witterschlick
FRIESDORF
Wildfreigehege
Godesburg
RÜNGSDORF
Petersberg
Großer Ölberg
Siebengebirge
Volmershoven
Heidgen
ÜCKESDORF
BAD GODESBERG
RÖTTGEN
Schloss
KÖNIGSWINTER
Rheinland
Deichmannsaue
Sea Life
Ittenbach
Bahnhof Kottenforst
Kottenforst
MUFFENDORF
Ruine Drachenfels
Löwenburg
Huppenberg
HEIDERHOF
LANNESDORF
MEHLEM
RHÖNDORF
Meckenheim-Nord
LÜFTELBERG
Villiprott
Pech
Ließem
Niederbachem
BAD HONNEF
STEINBÜCHEL
Villip
Gimmersdorf
Oberbachem
Rodderberg
Rolandseck
Wildpark
SELHOF
Menzenberg
MECKENHEIM
MERL
Burg Gudenau
Holzem
Klein Villip
Burg Odenhausen
Rheinischer Sagenweg
Berkum
Züllighoven
Adendorf
Wachtberg
OBERWINTER
Rheinbreitbach
Klein Altendorf
Kreuz Meckenheim
Burg Münchhausen
Arzdorf
Werthhoven
Bandorf
OEDINGEN
SCHEUREN
Bruchhausen
Fritzdorf
Birresdorf
UNKELBACH
UNKEL
Burg Felseck
ALTENDORF
Eckendorf
Niederich
Bentgerhof
Leimersdorf
Calmuth
Erpel
Gelsdorf
Oeverich
Beller
Dr. Bad Neuenahr Ahrweiler/Grafschaft
Nierendorf
Schloss Marienfels
Apollinariskirche
Erpeler Ley
Vettelhoven
Ringen
REMAGEN
Grafschaft
Holzweiler
Bölingen
Karweiler
Bengen
KIRCHDAUN
Köhlerhof
BAD BODENDORF
KRIPP
Bad Neuenahr
GIMMIGEN
Esch
Lantershofen
Heppingen
Lohrsdorf
Ahr-Thermen
Ehlingen
Ahr
-AHRWEILER
Römische Villa
Ahrtalbrücke
HEIMERSHEIM
SINZIG
Dernau
Marienthal
Kloster Calvarienberg
BAD NEUENAHR-
Löhndf.
WESTUM
LÖHNDORF
KOISDORF
Mayschoß
Burg Are
Ruine Saffenburg
WALPORZHEIM
Ruine Neuenahr
Dreieck Sinzig
Rheinischer Sagenweg
Schloss Vehn
Beulerhof
Schloss Ahrental
Altenburg
Rech
Steckenberg
Alte Mauer
Rheinland-
Königsfeld
FRANKEN
Häuschen
Pützfeld
Steinerberg
Ramersbach
Vinxt
Schalkenbach
Staffel
Dedenbach
Waldorf
Kesseling
Adert
Gönnersdorf
Niederzissen
Nieder-heckenbach
Beilstein
Blasweiler
Oberdürenbach
Rodder
Burgbrohl
Auf dem Thron
Pfalz
Büschhöfe
Bausenberg
Heckenbach
Oberheckenbach
Schelborn
Niederdürenbach
Niederzissen
Weidenbach
Watzel
Römerstraße
Weiler
Klosterruine Buchholz
Fronrath
Ruine Olbrück
Hannebach
Hain
Oberzissen
Cassel
Spessart
Wollscheid
"Brohltal"
Auf der Wurst
Schöneberg
Heulingshof
Galenberg
Glees
Veitskopf
Deutsche Vulkanstraße
Brenk
Herschbach
Engeln
Steinbergerhof
Wehr
Lydiaturm
Lederbach

115

A
B
C
108
11
13
Bélair
N632
Waimes
Bütgenbach
Büllingen
574
N647
N658
628
Enkelberg
Enkelbergmühle
665
Mon Antône
Steinbach
Faymonville
Bütgenbacher Heck
Hünningermühle
Mürringen
Park Naturel-
Weißer St
556
Route Fagnes et Lacs
Ondenval
Schoppen
Hünningen
N632
Warche
Buchho
BELGIË
Möderscheid
Hepscheid
Losheimergraben
Honsfeld
265
N676
N658
Ourtal-route
558
625
Wolfsbusch
Iveldingen
Amel
Mirfeld
Hautes
Lanzerath
Losheim
Montenau
Eibertingen
Alte Montenauermühle
Heppenbach
608
Château de Holzheim
Holzheim
Merischeid
Köppheck
Schwarzenvenn
Amel
Valender
Auf der Bracht
Hergersberg
Deidenberg
Alte Amelermühle
N626
Berferath
Adesberg
Wereth
Hasenvenn
N659
Weissenbrück
Medendorf
GR 56
Born
Alte Bornermühle
Meyerode
Eimerscheid
574
Manderfeld
BELGIQUE
575
Herresbach
Our
Hochkreuz
Medel
Weckerath
Fagnes
Andlermühle
Verschneid
524
WALLERODE
Ermitage von Wallerode
555
Wischeid
Roth
Hünningen
N676
Andler
Auw bei Prüm
Sankt Vith-Nord
514
Ählenbusch
Laudesfeld
Huscheid
SANKT VITH
MACKENBACH
Waldecho
Herzfenn
608
N626
SCHÖNBERG
Schlausenbach
Buchelturm
Eifel
Setzermühle
508
Schönberger Burg
Hasceiderhof
525
Schlierbach
Amelscheid
548
Volmersberg Chapelle
Gross Bohlscheid
Birkenhof
Hascheid
Sankt Vith-Süd
Rödgen
Auf der Brück
Eifel
St-Barthélemy
Radscheid
Oberlascheid
Metz
Breitfeld
Alfersteg
Ihrenbrück
Schwarzer Mann
N62
Galhausen
Lommersweiler
Mützenich
Halenfeld
697
488
Jüstenschlag
Nieder-lascheid
Braunlauf
NEIDINGEN
513
Lommersweiler
Schweiler
533
Buchet
Urb
Richelsberg
515
Winterscheider Mühle
Bleialf
LOMMERSWEILER
Winterscheid
Schaubergwerk
Hontheim
524
Ihren
Bahnhof Bleialf
Alferberg
Sellerich
Maspelt
Elcherath
Großlangenfeld
Rhe
Schnee
553
Quartalroute
Hemmeres
Winterspelt
Hasselsbach
Herscheid
Wallmerath
Brandscheiderhof
Brandscheid
Niedermehlen
Alster 496
Bracht
502
E42
Bleialf
Steinmehlen
Winterspelt
Auel
Rauenheck
530
Burg-Reuland
Breitenfenn
Eigelscheid
538
60
25
Burg-Reuland
Steffeshausen
Heckhalenfeld
WEINSFELD
N693
Weißenhof
534
Niederhabscheid
Habscheid
EifelLand & Kultur Route
Weveler
Hernackberg
Watzerath
Dackscheid
Heckhuscheid
Hollnich
511
410
568
Dackscheidberg
Pittenbach
Stupbach
Halvent
Halenfeld
Hallert
Unter dem Rehbüsch
Schloßheck
488
Halenfeld
442
Pronsfeld
Auf Halenfeld
Auf dem Bock
568
Auf dem Rehbüsch
551
Leithum
Großkampenberg
Losenseifen
Finkendell
Welchenhausen
Kesfeld
Masthorn
Dürsittert
Heerstraße
Eifel-Zoo
488
539
Lützkampen
Spielmannsholz
Oberüttfeld
Strickscheid
Lünebach
Auf der Nöll
Hofswald
Leidenborn
Ouren
Harspelt
Lützkampener Mühle
Uttfeld
Lierfeld
Monument des 3 Frontières
Sevenig (Our)
Niederüttfeld
Herzfeld
Lautzerath
Manner
Euscheid
Merlscheid
Lieler
Roscheid
Huchhemmel
Fuchswiese
Kinzenburg
Schwarzbach
545
Thomashaus
Sengerich
Vennhof
Hölzenkopp
Huf
Lichtenborner Höhe
517
Our
Heilhausen
Mühle
Eschfeld
Banzenhof
570
Lichtenborn
523
Kalborn
Binscheid
Halenbach
Wässerchen
Hickeshausen
Prüm
Kopscheid
Manderscheid
Wehrbüsch
512
Irsen
Reiff
Arzfelderhöhe
Dreis
Manderscheiderhof
525
Auf Holbert
543
410
Waxweiler
Beielsnack
118
Reipeldingen
Irrhausen
Scheidchen
Lauperath
462
Karschelt
Dahnen
Auf den Kaulen
28
Arzfeld
Hölzchen
Auf der Kehr

Nordrhein-Westfalen
Rheinland-Pfalz
Naturpark Hohes Venn-Eifel
Dahlem
Stadtkyll
Lissendorf
HILLESHEIM
GEROLSTEIN
Birresborn
Schönecken
Pelm
Jünkerath
Reuth
Steffeln
Duppach
Büdesheim
Wallersheim
Densborn
Deutsche Vulkanstraße
EifelLand & Kultur Route
Ruine Kasselburg
Ruine Hartelstein
Ruine Bertradaburg
Ruine Zanderkirch
Ruine Löwenburg
Mineralquelle
Vulkan Kalem
Kronenburger See
Kronenburg
Aueler Wald
Prümer Kopf
Gerolstein forst
3km

110
120
Nordrhein-
Westfalen
Freilingen
Freilinger See
Meyhof
Lommersdorf
Hüngersdorf
Ahrhütte
Vellerhof
Schloßthal
Ruine Dollendorf
Neuhof
Dollendorf
Uedelhoven
Ahrdorf
Oberbuch
Ruine Neublankenheim
Üxheim
Leudersdorf
Auf dem Kruchler
Nollenbach
Ruine Dreimühlen
Nohner Mühle
Flesten
Niederehe
Kerpen (Eifel)
Berndorf
ehem. Kloster
Loogh
HILLESHEIM
Arensberg
Walsdorf
Zilsdorf
Stroheich
Oberehe-
Deutsche Vulkanstraße
Döhmberg
Essingen
Rockeskyll
Hohenfels
Betteldorf
Adler-und Wolfspark
Wolfsmühle
Hinterweiler
Pelm
Berlingen
Ruine Kasselburg
Ernstberg
GEES
Kirchweiler
WALDKÖNIGEN
Scharteberg
STEINBORN
NEUNKIRCHEN
Dietzenley
Flemmingshöh
BÜSCHEICH
Forst Salm
Neroth
Nerother Kopf
PÜTZBORN
Oberstadtfeld
Prümscheid
Salm
Wallenborn
Nieder-stadtfeld
Üdersdorf
Weidenbach
Schutz
Bleckhausen
Deutsche Vulkanstraße
Meisburg
Deudesfeld
Desserath
Meerfeld
Meerfelder Maar
MANDERSCHEID
Bettenfeld
3km
Aremberg
Römerstraße
Kapellenberg
Fuchshofen
Antweiler
Reifferscheid
Rodder
Leimbach
Lückenbach
Gilgenbach
Adenauer Bach
ADENAU
Dorsel
Müsch
Hoffeld
Kirmutscheid
Wirft
Honerath
Wimbach
Nürburgring Nordschleife
Barweiler
Kottenborn
Trierscheid
Pomster
Dankerath
Nürburg
Quiddelbach
Wiesemscheid
Bauler
Nohn
Alter Burgberg
Senscheid
Müllenbach
Welcherath
Meisenthal
Borler
Bodenbach
Ahrberg
Rothenbach
Rote Heck
Zermüllen
Ahbach
Heyroth
Bongard
Gelenberg
Hünerbach
Kelberg
Köttelbach
Brück
Dreis-
Boxberg
Neichen
Beinhausen
Hochkelberg
Mosbruch
Dreiser Höhe
Dockweiler
Kradenbach
Kirche Hilgerath
Katzwinkel
Ueß
Hörschhausen
Gerolstein
Eselsberg
Sarmersbach
Gefell
Utzerath
Nerdlen
RENGEN
Hörscheid
Asseberg
BOVERATH
Darscheid
Schönbach
DAUN
Dreieck Vulkaneifel
Deutsche Vulkanstraße
Gemünden
Wild- und Erlebnispark Daun
Weinfelder Kirche
Mehren
Steiningen
Steinberger Ley
Steineberg
Weinfelder Maar
Mäuseberg
Weiersbach
Observatorium
Schalkenmehren
Altburg
Hoher List
Demerath
Ellscheid
Trittscheid
Tettscheid
Eifeler Glockengießerei
Saxler
Pulvermaar
Winkel (Eifel)
Brockscheid
Udler
Gillenfeld
Holzmaar
Römerberg
Immerather Maar
Kleine Kyll
Eckfeld
Strohn
Buchholz
Belvedere
Kiefernhof
Trautzberg
Manderscheid
Wallscheid
Pantenburg
Mückeln
Dierfeld
Ober-scheidweiler
Laufeld
Eifel
Rhein
Hohe
Vulkaneifel
Hinterer Büsch

D
E
F
22
111
Herschbach
Schöneberg
Lederbach
Kempenich
Engeln
Brenk
Steinbergerhof
Wehr
Hotel Waldfrieden
Laacher See
Kaltenborn
518
Hohen-leimbach
Burg Kempenich
Weibern
Deutsche Vulkanstraße
412
Laacher Kopf
275
Hausten
Rieden
575
Gänsehals
Netterhöfe
Raßberg
Morswiesen
Wabern
Jammelshofen
Thelenberg
Maria Laach
Hohe Acht
747
665
Arft
Volkesfeld
Riedener Mühlen
Waldsee
Deutsche Vulkanstraße
Bell
MENDIG
Siebenbach
Langscheid
Roderhöfe
553
Sulzbusch
Genoveva-höhle
(200)
OBERMENDIG
Acht
Langenfeld
Kirchesch
Nette
Kirchwald
Eschbach
652
Engeln
Herresbach
Welschenbach
Waldesch
Ettringen
Elisabeth-brunnen
286
Sankt-Jost-Mühle
573
Schloss Bürresheim
588
Hochsimmer
Kottenheim
Wanderath
Dottingen
Oberbaar
Denskopf
Baar
Freilingen
Nitzbach
Scheidkopf
Nitztal
Sankt Johann
Mittelbaar
258
Vireneburg
Kloster Helgoland
Niederbaar
19
KÜRRENBERG
Drees
493
527
MAYEN
Nitz
435
490
460
Kirsbach
410
Kreuznick
Stadtbefestigung
Genovevaburg
Brücktal
Lind
Hirten
Nachtsheim
472
Reudelsterz
(238)
262
Betzing
513
Luxem
557
Weiler
400
Geisbüschhof
BERNARDSHOF
Boos
Münk
Mimbach
Ruine Schloss Monreal
25
5
Kurbenhof
Eifel
Land
Ruine Burg Resch
Niederelz
Monreal
Berresheim
ALZHEIM
262
Allenz
31
Ditscheid
Anschau
Schnürenhof
Cond
Mayen
Mannebach
Arbach
15
Wüsteratherhof
Salcherath
Bermel
Heunenhof
Polcherholz
Müsch
Kehrig
359
Eulenberg
497
570
Lehnholz
Gering
Elzbach
Retterath
Oberelz
510
Geerberg
248
Lirstal
Urmersbach
Flztal
Eldorado
Uersfeld
Kalenborn
Hauroth
Düngenheim
Obermühle
Kaifenheim
Kaperich
Eppenberg
Masburg
Roes
Höchstberg
488
Eulgem
Gamlen
399
Arenberg
Höchstberg
616
Laubach
15
KAISERS-ESCH
Schwanenkirche
Laubach
48
Kaifenheim
Brachtendorf
Pfaffenhausen
Zettingen
Dünfus
Müllenbach
Kaisersesch
Hambuch
4
Leienkaul
Molzig
Forst (Eifel)
Vorpochten
Schöne Aussicht
Waldhof
Pommerbach
Binningen
482
Illerich
Ulmen
Kloster Maria Martental
(450)
462
Wirfus
Kloster Waldfrieden
Landkern
Brieden
259
Greimersburg
Kavelocherhof
Kail
Auderath
21
Endertbach
Esperhof
Annischerhof
Mosel-schiefer-Straße
Rheinland-Pfalz
Alflen
480
389
Fahrendeierhof
Ruine Coraidelstein
Pommern
Büchel
Blumkrist
Wild-u. Freizeitp. Klotten
437
Schmitt
Klotten
49
Ruine Winneburg
Moselbad
Josefshof
Gillenbeuren
Pfalzerhof
308
Ollmerath
Gevenich
COCHEM
COND
Valwigerberg
Valwig
Wagenhausen
429
Weiler
Faid
259
Burg
Ernst
BRAU-
Ebernach
Bruttig-
Driesch
SEHL
292
Dohr
HECK
Rheinischer Sagenweg
356
Lutzerath
Kaiser-Wilhelm-Tunnel
Fankel
Urschmitt
376
Hundskopf
436
Calmont
385
Ellenz-Poltersdorf
27
92
Beilstein
Kliding
Burgberg
Moselweinstraße
Klosterruine Stuben
425
Briedern
6
Bremm
Eller
Ruine Metternich
423
Ediger
49
Mesenich
Deutsche Vulkanstraße
Ruine Lehmethof
394
Falkenlay
Kennfus
Beuren
414
121
Ruine
Neef
Mosel
Flaumbach
421
Senheim
Liesenich
401
Hochkessel
Nehren

A
B
C
BAD HÖNNINGEN
Niederbreitbach
Ehlscheid
Schloss Arenfels
Wolfenacker
Beulerhof
Schloss Ahrental
NIEDER-BREISIG
FRANKEN
OBERBREISIG
BAD BREISIG
Rheinbrohl
Rhein-Westerwald
Deutsche Limes-Straße
Datzeroth
Rockenfeld
Solscheid
Bürder
Weierhof
Forsthof
Hammerstein
Schloss Monrepos
monte mare
Rheineck
Burg Rheineck
Brohl-Lützing
Waldorf
Gönnersdorf
Niederlützingen
Schloss Schweppenburg
Ruine Hammerstein
Leutesdorf
Hanhof
ALTWIED
Wied
SEGENDORF
RODENBACH
NIEDER-BIEBER
Limes
Jakobshof
Bausenberg
Niederzissen
Lützingen
Weiler
Klosterruine Buchholz
"Brohltal"
Bad Tönisstein
Burgbrohl
KELL
Geishügelhof
NAMEDY
Klosterruine Tönisstein
FELDKIRCHEN
IRLICH
Alter Krahnen
Glees
Veitskopf
Wassenach
Krayerhof
ANDERNACH
Rhein
NEU
Lydiaturm
Hotel Waldfrieden
Vulkan-park
EICH
Wehr
Deutsche Vulkanstraße
Laacher See
Nickenicher Wald
Nickenich
WEISSENTHURM
Laacher Kopf
Krufter Ofen
Maria Laach
Thelenberg
Gänsehals
Bell
Laachermühle
Mendig
MIESENHEIM
Kettig
Kruft
Kretz
Plaidt
-KÄRLICH
MÜLHE
MENDIG-
Genoveva höhle
NIEDER-MENDIG
OBERMENDIG
Elisabethbrunnen
Korretsberg
Ruine Wernerseck
Saffig
Pfaffenbrucherhof
Ettringen
Thür
Reginarisbrunnen
Fressenhof
Ochtendung
Michelberg
Genoveva-brunnen
Wallfahrtskirche Frauenkirch
Alsingerhof
Emmingerhof
Bassenheim
Karmelenberg
Kottenheim
Straßburger Haus
Nette
Sackenheimer-höfe
Karmelenbergerhof
Golfing
Waldorferhof
Kobern
Wolken
Künste
HAUSEN
Trimbs
Stadtbefestigung
Genovevaburg
Betzing
MAYEN
Nettesürsch
Welling
Polch
Ruitsch
Minkelfeld
Lonnig
Sürzerhof
Ruine Oberburg
Sankt Matthias-Kapelle
Scheidterhof
BERNARDSHOF
Rheinland-Pfalz
Kerben
Kurbenhof
Allenz
Moselschiefer-Straße
Kaan
Kobern-Gondorf
Weidenhof
Niederburg
Photovoltaikanlage
Dieblich-Berg
POLCH
Sankt-Georgen-Kapelle
Neumühle
Rüber
Dreckenach
Kehrig
Einig
Gering
Kollig
Mertloch
Gappenach
Gierschnach
KÜTTIG
Windhäuserhöfe
Lehmerhöfe
Lehmen
Mosel-weinstraße
Niederfell
Kühr
Oberfell
"Elztal"
Naunheim
Kalt
Kalscherhof
MÖRZ
Moselsürsch
Kattenes
Freiheitstempel
Kaifenheim
Roes
Pyrmonterhöfe
Pillig
Sankt Martin
MÜNSTER-MAIFELD
Burg Thurant
Alken
Arenberg
Burg Pyrmont
Schwanenkirche
Kaifenheim
METTERNICH
Kergeshöfe
Löf
Brachtendorf
Weilerhof
Pfaffenhausen
Molzig
Sevenich
Hatzenport
Nörtershausen
Montenich
Keldung
Wierschem
LASSERG
Brodenbach
Dünfus
Forst (Eifel)
Brohl
Neuhof
Ruine Bischofstein
Jahrsbergerhöfe
Ehrenburgertal
Binningen
Ruine Trutz Eltz
Pilligerheck
Rotherhof
Burg Eltz
Burgen
Ruine Ehrenburg
Kröpplingen
OPPENHAUSEN
HERS
Brohlbach
Müdenerberg
Moselkern
Wirfus
3km
Brieden
Klickerterhof
Müden (Mosel)
Römerkastell
Hübing
Ehrbach-Klamm
Kail
-Karden
Morshausen
Annischerhof
Pommern
Treis-
Müdener Bock
Macken
Beulich

D
E
F
Rüscheid
Kleinmaischeid
Petershof
Großmaischeid
Thalhausen
Stebach
Breitenau
Kausen
Deesen
Kutscheid
Ellenhausen
Oberhaid
Nordhofen
Quirnbach
Vielbach
Mogendorf
Siershahn
WIRGES
Ebernhahn
Dernbach
(Westerwald)
SELTERS
Anhausen
Meinborn
Isenburg
Sessen-
Wirscheid
Pfahlberg
Caan
bach
Hundsdorf
RANSBACH-
BAUMBACH
Wittgert
Malbergskopf
Nauort
Stromberg
Alsbach
Kammerforst
Hilgert
Grenzau
Ruine
Grenzhausen
Faulbach
Hof Rembs
Dreieck
Dernbach
ELGENDORF
HÖHR-
GRENZHAUSEN
Kannenbäcker Straße
Köppel
Montabaurer Höhe
HORRESSEN
Rheinischer Sagenweg
Naturpark
Hillscheid
Neuhäusel
Kadenbach
VALLENDAR
Simmern
Urbar
Mallendar
Eitelborn
Arzbach
Welschneudorf
Nörrberg
Denzerheide
Ruine Sporkenburg
Zimmerschied
Kemmenau
BAD EMS
Hömberg
Dausenau
NASSAU
Fachbach
Nievern
Miellen
Frücht
Hohenmalberg
Bäderstraße
Römerturm
Misselberg
Sulzbach
Dienethal
Burg Stein
Burg Nassau
Hahnenkopf
Neuborn
Kirschheimersborn
Buchholz
Oberwies
Deutsche Limes-Straße
Schweighausen
Nassau
Dessighofen
Kehlbach
Nieder-
Ober-
bachheim
Geisig
Ehr
Winterwerb
Gemmerich
Hainau
Dahlheim
Himmighofen
Kasdorf
Loreley-Burgen-Straße
Weyer
Bogel
Molsberg
Nochern
Lierschied
Horstberg
Auel
Wellmich
Burg Maus
Ehrenthal
Prath
Lykershausen
Rhein
Eschbach
Büchelborn
Erlenborn
BENDORF
SAYN
Albrechtsh.
Hein's Mühle
Römerturm
Schmetterlingsgarten
Kloster Rommersdorf
GLADBACH
Weitersburg
ENGERS
Schloss
Kaltenengers
Bendorf/Neuwied
St. Sebastian
KESSELHEIM
Niederwerth
Maria Trost
DB-Museum
WALLERSHEIM
NEUENDORF
BUBENHEIM
Koblenz-N
Friedrichturm
Kloster Schönstatt
IMMENDORF
NIEDERBERG
Deutsches Eck
Feste Ehrenbreitstein
EHRENBREITSTN.
ARENBERG
Mühlenbacherhof
ARZHEIM
ASTERSTEIN
PFAFFENDORF
Lahn-Ferien-Straße
Horchheimer Höhe
HORCHHEIM
LÜBENACH
METTERNICH
KOBLENZ
MOSELWEISS
GÜLS
KARTHAUSE
Bisholder
Rittersturz
Königsbach
Kühkopf
LAY
Carola Höhe
Kondertal
STOLZENFELS
Schloss Stolzenfels
Lahneck
Kurthermen
Rhein-Lahn
Friedrichssegen
Auf der Höhe
LAHNSTEIN
Becheln
Im Einmuth
BRAUBACH
Marksburg
Martinskirche
HINTERWALD
Hunsrückhöhenstraße
Mariaroth
Waldesch
Königsstuhl
RHENS
Hünenfeld
Schauren
Jakobsberg
Rheinischer Sagenweg
Brey
Siebenborn
Spay
Dinkholder Mühlen
Dachsenhausen
Deutsche Alleenstraße
Naßheck
Koblenz/Waldesch
Vierseenblick
Mühltal
Osterspai
Filsen
Schloss Liebeneck
Sankt Severus
Marienberg
Kalmut
Kamp-
Bornhofen
Hünengrab
Kloster Bornhofen
Burg Sterrenberg
Burg Liebenstein
BOPPARD
BUCHENAU
BAD SALZIG
BUCHHOLZ
Schloss Schöneck
Kratzenburg
WEILER
Prohl
Fleckertshöhe
HIRZENACH
Ney
Halsenbach
Ehr
Mermicherhof
Mosel

DIEKIRCH
ETTELBRUCK
VIANDEN
NEUERBURG
Naturpark
Südeifel
(Parc Naturel
Germano-
Luxembourgeois)
(Deutsch-
Luxemburgisc
GRAND-DUCHÉ
DE
LUXE
Rhei
Bettendorf
Beaufort
Larochette
Berdorf
Consdorf
Mettendorf
Dasburg
Daleiden
Olmscheid
Arzfeld
Krautscheid
Körperich
Wallendorf
Reisdorf
Medernach
Nommern
Heffingen
Waldbillig
Fischbach
Bech
EifelLand & Kultur Route

113
D
E
F
Plütscheid
Gewerberhof
Hardtberg
495
Waxbrunnen
Neidenbach
Sankt Johann
Bruderholz
In der Hausbach
506
EifelLand & Kultur Route
Schwickerather-hof
Heilenbach
366
Burg
Seffern
Sefferweich
Mohrweiler
Sankt Thomas
Steinborn
Burg Seinsfeld
472
Schleid
Kyllburg-weiler
Seinsfeld
Behlfels
Staffelstein
Malbergweich
Ackerburg
Oberweiler
Ehlenz
383
Bitburg
Malberg
438
Oberkail
Etteldorf
KYLLBURG
(301)
446
Leisenhof
Niederweiler
397
Bickendorf
Fließem
Wilsecker
Orsfeld
Gransdorf
390
Ließem
Badem
Schloss
Biersdorf
Nattenheim
294
Otrang
(Röm. Landgut)
369
Gelsdorf
Spangdahlem
Pooshof
Stausee Bitburg
Rittersdell
Rittermühle
Wiersdorf
Badem
347
Gindorf
Hermesdorf
Pützhöhe
ERDORF
Feilsdorf
Burg
Rittersdorf
MATZEN
Pickließem
IRSCH
EifelLand & Kultur Route
345
Wißmannsdorf
Spangdahlem
Brecht
Bildchen
Langerthof
344
ALBACH
Metterich
Gondorf
Dudeldorf
STAHL
Kolmeshöhe
345
BITBURG
(339)
Hüttingen an der Kyll
Eifelpark
Gondorf/Bitburg
Unterbedhard
Oberweis
Hungerburg
MÖTSCH
Beilingen
Philippsheim
Ruine Pfalzkyll
Commes-hof
Ruine Hölle
Birtlingen
MASHOLDER
374
Röhl
Bitburger Gutland - Pfalz
Bettingen
Messerich
Niederstedem
Scharfbillig
Speicherer Wald
Ingendorf
Dockendorf
247
Oberstedem
373
Speicher
(320)
Buchenberg
379
Sülm
Dahlem
366
Wolsfeld
Eßlingen
Trimport
Preist
Schönfelderhof
Wolsfelderberg
Holsthumerberg
Herzbach
Badenborn
Meilbrück
Auw an der Kyll
Wallfahrtskirche
Holsthum
Alsdorf
361
EifelLand & Kultur Route
Wiedenhof
Idenheim
Hosten
Orenhofen
Oberecken
Meckel
393
Schleidweiler
218
407
Mecklerhöhe
Hofgarten
Idesheim
Kyll
Daufenbach
EifelLand & Kultur Route
Prümerburg
Kaschenbach
Prümzurlay
Kleeborrnerhof
Schilzen-burg
Ittel
Hofweiler
Rodt
Ruine Prümer Burg
Niederweis
Gilzem
Helenenberg
Eduardstift
367
Waldhof
Höhjunk
368
Welschbillig
321
343
Eisenach
Burgberg
Ernzen
Irrel
Neuenberg
378
Träg
Zoonenberg
401
Menningen
Schwarzkreuz
Möhn
Hochmark
Kordel
Römerberg
Edingerberg
Kunkelborn
Kimmlingen
359
Königsberg
Berghof
406
Windmühle
Merteshof
Minden
Klingerbach
Kimmlingerhof
Ruine Ramstein
Auf der Heide
Fölkenbach
Echternacherbrück
Edingen
Godendorf
Mahlendorf
Newel
Butzweiler
Olk
Hochburg
ECHTERNACH
Cite Manertchem
Rosport
Ralingen
402
Genoveva-Höhle
300
EHRANG
Beßlich
Lorich
Michelsberg
Kersch
Aach
378
Röm. Turm
Girsterklaus
Wintersdorf
Hohe Sonne
Altenhof
Neuhaus
Sievenicher-hof
BIEWER
Osweiler
330
Udelfangen
Ehrang
Frombourg
Hinkel
Hungerberg
Stiftskirche
Dickweiler
334
Kockelsberg
405
Trier
Verteilerkreis
Pafebierg
Born-Moulin
Trierweiler
PALLIEN
Boursdorf
Born
Sirzenich
Mariensäule
Porta Nigra
399
Galgenberg
352
Nieder-weiler
Dom
Herborn
Pafebierg
367
EUREN
Mohrenkopf
Kaiserthermen
Givenich
Sonnenhof
Fusenich
Herresthal
(124)
Amphitheater
Mompach
Metzdorf
HEILIG-KREUZ
OLEWIG
Foooscht
Moersdorf
274
Grewenich
TRIER
Aessen

114
MANDER-
SCHEID
Bettenfeld
Pantenburg
Laufeld
Dierfeld
Mückeln
Ober-
öfflingen
Ober-
scheidweiler
Rodenbüsch
3km
Nieder-
öfflingen
Hasborn
Jagdschloss
Bergfeld
Eisen-
schmitt
Oberkail
Hunnenkopf
Ruine
Biederburg
Gipperath
Willwerscheid
Eichelhütte
Schwarzenborn
Karl
Greimerath
Schladt
Kloster
Himmerod
Großlittgen
Plein
Flußbach
Gransdorf
Hau
Raskop
Altenhof
Minderlittgen
Unkenstein
Grünewald
Spangdahlem
Musweiler
Heeg
Abachsmühle
LÜXEM
Landscheid
Hupperath
Burg
Failz
WITTLICH
BOMBOGEN
Wittlich-Mitte
Dahlem
Spangdahlem
Niederkail
Mulbach
Spang
Oberbergweiler
Hinter
der Breit
Binsfeld
Lerchenhof
Hütt
Büscheid
Arenrath
Hof
Mellich
Bergweiler
Bruch
Wittlich-West
Kreuz
Wittlich
Altrich
Herforst
Dreis
Schloss
Asberg
Platten
Haardt
Niersbach
Hecken-
land
Burgberg
Salmrohr
Neunenhof
Speicherer
Wald
Reste der römischen
Langmauer
Gladbach
Salmtal
Dörbach
Greverath
Heidweiler
Dodenburg
Pohlbach
Monzel
Rheinland
felderhof
Heckenmünster
Sehlem
Salmtal
Klausen
Monz. Hüttenkopf
Neuminheim
Kesten
Bendersbach
Dierscheid
Wallfahrtskirche
Erlenbach
Esch
Krames
Thomasberg
Piesport
Pfarrkirche
Zemmer
Ferres
Rivenich
Niederemmel
Naurath
(Eifel)
Hansenberg
Minheim
Mülchen
Hetzerath
Föhren
Quintbach
Dhron
Moselweinstraße
Neumagen-
Römerg
Zoonenberg
Hochkreuz
Klüsserath
Am Heilbrunnen
Bekond
Köwerich
Auf Kar
Thörnich
Materkapelle
Trittenheim
Bleischmelze
Papiermü
QUINT
SCHWEICH
Detzem
der Heide
Ensch
Leiwen
Kleine Dhron
Mosel
Mehringer Berg
Schleich
Alsberg
Trier-Ehrang
Kenn
Kirsch
Longuich
Longen
Zummeterhof
Dhrönchen
Lörsch
Mehring
Pölich
Heidenburg
Kenn
Dreieck
Moseltal
PFALZEL
Fastrau
RUWER
Riol
Heidenburgerh
Ehem.
Stiftskirche
EITELSBACH
Büdlich
Mertesdorf
Fell
Im Scholenskopf
Büdlicherbrück
Breit
Goldberg
Waldeck
Schloss Grünhaus
Feller Bach
Ginsterheld
Naurath
(Wald)
Talling
Kasel
Fellerhof
Neumehring
Bescheid
Schönberg
Domäne
Avelsbach
Waldrach
Thomm
Burgkopf
Rockenburgerhof
Neunkirchen
TARFORST
FILSCH
Morscheid
Lorscheid
Prosterath
Brühlberg

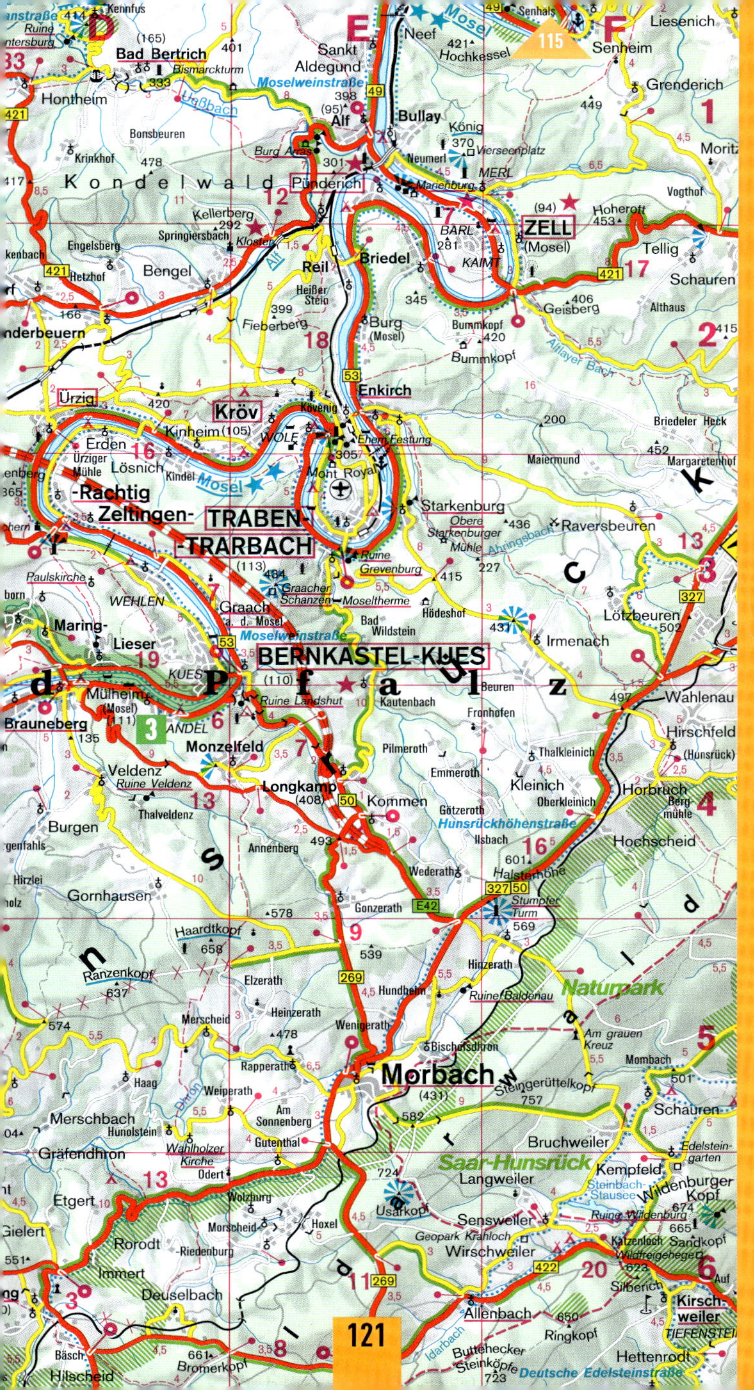

Bad Bertrich
Bismarckturm
Hontheim
Bonsbeuren
Krinkhof
Kondelwald
Sankt Aldegund
Moselweinstraße
Alf
Bullay
Neef
Hochkessel
Senhals
Senheim
Liesenich
Grenderich
Mosel
König
Vierseenplatz
Neumerl
MERL
Burg Arras
Pünderich
Marienburg
ZELL (Mosel)
BARL
KAIMT
Hoherott
Tellig
Schauren
Vogthof
Moritz
Kellerberg
Springiersbach
Kloster
Engelsberg
Bengel
Hetzhof
Reil
Briedel
Heißer Stein
Fieberberg
Burg (Mosel)
Bummkopf
Geisberg
Althaus
Altlayer Bach
Enkirch
Ürzig
Kröv
Kinheim
Kövenig
WOLF
Ehem. Festung
Mont Royal
Erden
Ürziger Mühle
Lösnich
Kindel
Maiermund
Briedeler Heck
Margaretenhof
Zeltingen-Rachtig
TRABEN-TRARBACH
Starkenburg
Obere Starkenburger Mühle
Ahringsbach
Raversbeuren
Ruine Grevenburg
Paulskirche
WEHLEN
Graach a. d. Mosel
Graacher Schanzen
Moseltherme
Hödeshof
Bad Wildstein
Irmenach
Lötzbeuren
Maring-
Lieser
BERNKASTEL-KUES
KUES
Ruine Landshut
Kautenbach
Beuren
Wahlenau
Hirschfeld (Hunsrück)
Mülheim (Mosel)
Brauneberg
ANDEL
Monzelfeld
Veldenz
Ruine Veldenz
Thalveldenz
Longkamp
Kommen
Pilmeroth
Emmeroth
Fronhofen
Thalkleinich
Kleinich
Oberkleinich
Horbruch
Bergmühle
Götzeroth
Hunsrückhöhenstraße
Ilsbach
Hochscheid
Burgen
Annenberg
Wederath
Halsterhöhe
Stumpfer Turm
Gornhausen
Gonzerath
Haardtkopf
Ranzenkopf
Elzerath
Heinzerath
Hinzerath
Hundheim
Ruine Baldenau
Naturpark
Am grauen Kreuz
Merscheid
Wenigerath
Bischofsdhron
Rapperath
Morbach
Steingerüttelkopf
Mombach
Schauren
Haag
Weiperath
Am Sonnenberg
Merschbach
Hunolstein
Wahlholzer Kirche
Gutenthal
Gräfendhron
Odert
Bruchweiler
Edelsteingarten
Saar-Hunsrück
Kempfeld
Langweiler
Steinbach-Stausee
Wildenburger Kopf
Etgert
Wolzburg
Usarkopf
Sensweiler
Ruine Wildenburg
Morscheid
Hoxel
Geopark Krahloch
Wirschweiler
Katzenloch
Wildfreigehege
Sandkopf
Rorodt
Riedenburg
Immert
Deuselbach
Allenbach
Silberich
Kirschweiler
TIEFENSTEIN
Ringkopf
Idarbach
Buttehecker Steinköpfe
Hettenrodt
Deutsche Edelsteinstraße
Bäsch
Hilscheid
Bromerkopf

KARTENLEGENDE

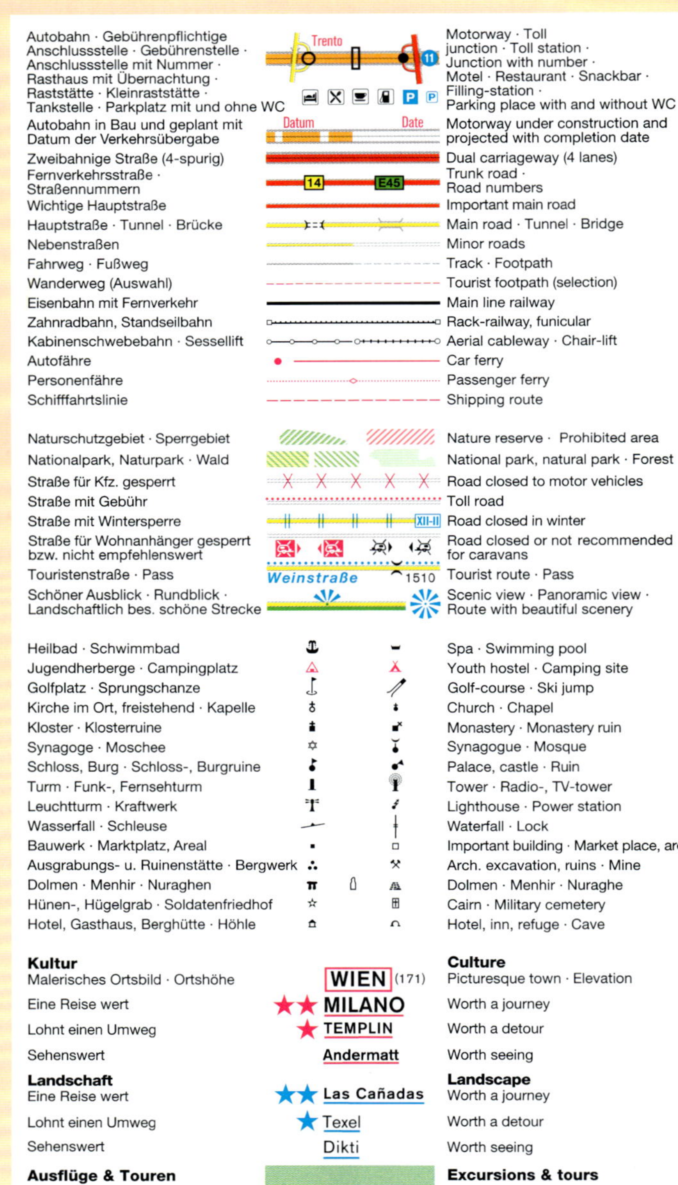

Autobahn · Gebührenpflichtige Anschlussstelle · Gebührenstelle · Anschlussstelle mit Nummer · Rasthaus mit Übernachtung · Raststätte · Kleinraststätte · Tankstelle · Parkplatz mit und ohne WC
Trento
11
Motorway · Toll junction · Toll station · Junction with number · Motel · Restaurant · Snackbar · Filling-station · Parking place with and without WC
Autobahn in Bau und geplant mit Datum der Verkehrsübergabe
Datum
Date
Motorway under construction and projected with completion date
Zweibahnige Straße (4-spurig)
Dual carriageway (4 lanes)
Fernverkehrsstraße · Straßennummern
14
E45
Trunk road · Road numbers
Wichtige Hauptstraße
Important main road
Hauptstraße · Tunnel · Brücke
Main road · Tunnel · Bridge
Nebenstraßen
Minor roads
Fahrweg · Fußweg
Track · Footpath
Wanderweg (Auswahl)
Tourist footpath (selection)
Eisenbahn mit Fernverkehr
Main line railway
Zahnradbahn, Standseilbahn
Rack-railway, funicular
Kabinenschwebebahn · Sessellift
Aerial cableway · Chair-lift
Autofähre
Car ferry
Personenfähre
Passenger ferry
Schifffahrtslinie
Shipping route
Naturschutzgebiet · Sperrgebiet
Nature reserve · Prohibited area
Nationalpark, Naturpark · Wald
National park, natural park · Forest
Straße für Kfz. gesperrt
Road closed to motor vehicles
Straße mit Gebühr
Toll road
Straße mit Wintersperre
XII-II
Road closed in winter
Straße für Wohnanhänger gesperrt bzw. nicht empfehlenswert
Road closed or not recommended for caravans
Touristenstraße · Pass
Weinstraße
1510
Tourist route · Pass
Schöner Ausblick · Rundblick · Landschaftlich bes. schöne Strecke
Scenic view · Panoramic view · Route with beautiful scenery
Heilbad · Schwimmbad
Spa · Swimming pool
Jugendherberge · Campingplatz
Youth hostel · Camping site
Golfplatz · Sprungschanze
Golf-course · Ski jump
Kirche im Ort, freistehend · Kapelle
Church · Chapel
Kloster · Klosterruine
Monastery · Monastery ruin
Synagoge · Moschee
Synagogue · Mosque
Schloss, Burg · Schloss-, Burgruine
Palace, castle · Ruin
Turm · Funk-, Fernsehturm
Tower · Radio-, TV-tower
Leuchtturm · Kraftwerk
Lighthouse · Power station
Wasserfall · Schleuse
Waterfall · Lock
Bauwerk · Marktplatz, Areal
Important building · Market place, area
Ausgrabungs- u. Ruinenstätte · Bergwerk
Arch. excavation, ruins · Mine
Dolmen · Menhir · Nuraghen
Dolmen · Menhir · Nuraghe
Hünen-, Hügelgrab · Soldatenfriedhof
Cairn · Military cemetery
Hotel, Gasthaus, Berghütte · Höhle
Hotel, inn, refuge · Cave
Kultur
Culture
Malerisches Ortsbild · Ortshöhe
WIEN (171)
Picturesque town · Elevation
Eine Reise wert
MILANO
Worth a journey
Lohnt einen Umweg
TEMPLIN
Worth a detour
Sehenswert
Andermatt
Worth seeing
Landschaft
Landscape
Eine Reise wert
Las Cañadas
Worth a journey
Lohnt einen Umweg
Texel
Worth a detour
Sehenswert
Dikti
Worth seeing
Ausflüge & Touren
Excursions & tours

FÜR IHRE NÄCHSTE REISE

gibt es folgende MARCO POLO Titel:

DEUTSCHLAND
Allgäu
Amrum/Föhr
Bayerischer Wald
Berlin
Bodensee
Chiemgau/Berchtesgadener Land
Dresden/Sächsische Schweiz
Düsseldorf
Eifel
Erzgebirge/Vogtland
Franken
Frankfurt
Hamburg
Harz
Heidelberg
Köln
Lausitz/Spreewald/Zittauer Gebirge
Leipzig
Lüneburger Heide/Wendland
Mark Brandenburg
Mecklenburgische Seenplatte
Mosel
München
Nordseeküste Schleswig-Holstein
Oberbayern
Ostfriesische Inseln
Ostfriesland/Nordseeküste Niedersachsen/Helgoland
Ostseeküste Mecklenburg-Vorpommern
Ostseeküste Schleswig-Holstein
Pfalz
Potsdam
Rheingau/Wiesbaden
Rügen/Hiddensee/Stralsund
Ruhrgebiet
Schwäbische Alb
Schwarzwald
Stuttgart
Sylt
Thüringen
Usedom
Weimar

ÖSTERREICH | SCHWEIZ
Berner Oberland/Bern
Kärnten
Österreich
Salzburger Land
Schweiz
Tessin
Tirol
Wien
Zürich

FRANKREICH
Bretagne
Burgund
Côte d'Azur/Monaco
Elsass
Frankreich
Französische Atlantikküste
Korsika
Languedoc-Roussillon
Loire-Tal
Nizza/Antibes/Cannes/Monaco
Normandie
Paris
Provence

ITALIEN | MALTA
Apulien
Capri
Dolomiten
Elba/Toskanischer Archipel
Emilia-Romagna
Florenz
Gardasee
Golf von Neapel
Ischia
Italien
Italienische Adria
Italien Nord
Italien Süd
Kalabrien
Ligurien/Cinque Terre
Mailand/Lombardei
Malta/Gozo
Oberital. Seen
Piemont/Turin
Rom
Sardinien
Sizilien/Liparische Inseln
Südtirol
Toskana
Umbrien
Venedig
Venetien/Friaul

SPANIEN | PORTUGAL
Algarve
Andalusien
Barcelona
Baskenland/Bilbao
Costa Blanca
Costa Brava
Costa del Sol/Granada
Fuerteventura
Gran Canaria
Ibiza/Formentera
Jakobsweg/Spanien
La Gomera/El Hierro
Lanzarote
La Palma
Lissabon
Madeira
Madrid
Mallorca
Menorca
Portugal
Sevilla
Spanien
Teneriffa

NORDEUROPA
Bornholm
Dänemark
Finnland
Island
Kopenhagen
Norwegen
Schweden
Stockholm
Südschweden

WESTEUROPA | BENELUX
Amsterdam
Brüssel
Dublin
England
Flandern
Irland
Kanalinseln
London
Luxemburg
Niederlande
Niederländische Küste
Schottland
Südengland

OSTEUROPA
Baltikum
Budapest
Estland
Kaliningrader Gebiet
Lettland
Litauen/Kurische Nehrung
Masurische Seen
Moskau
Plattensee
Polen
Polnische Ostseeküste/Danzig
Prag
Riesengebirge
Russland
Slowakei
St. Petersburg
Tallinn
Tschechien
Ungarn
Warschau

SÜDOSTEUROPA
Bulgarien
Bulgarische Schwarzmeerküste
Kroatische Küste/Dalmatien
Kroatische Küste/Istrien/Kvarner
Montenegro
Rumänien
Slowenien

GRIECHENLAND | TÜRKEI | ZYPERN
Athen
Chalkidiki
Griechenland Festland
Griechische Inseln/Ägäis
Istanbul
Korfu
Kos
Kreta
Peloponnes
Rhodos
Samos
Santorin
Türkei
Türkische Südküste
Türkische Westküste
Zakinthos
Zypern

NORDAMERIKA
Alaska
Chicago und die Großen Seen
Florida
Hawaii
Kalifornien
Kanada
Kanada Ost
Kanada West
Las Vegas
Los Angeles
New York
San Francisco
USA
USA Neuengland/Long Island
USA Ost
USA Südstaaten/New Orleans
USA Südwest
USA West
Washington D.C.

MITTEL- UND SÜDAMERIKA
Argentinien
Brasilien
Chile
Costa Rica
Dominikanische Republik
Jamaika
Karibik/Große Antillen
Karibik/Kleine Antillen
Kuba
Mexiko
Peru/Bolivien
Venezuela
Yucatán

AFRIKA | VORDERER ORIENT
Ägypten
Djerba/Südtunesien
Dubai/Vereinigte Arabische Emirate
Israel
Jerusalem
Jordanien
Kapstadt/Wine Lands/Garden Route
Kapverdische Inseln
Kenia
Marokko
Namibia
Qatar/Bahrain/Kuwait
Rotes Meer/Sinai
Südafrika
Tunesien

ASIEN
Bali/Lombok
Bangkok
China
Hongkong/Macau
Indien
Indien/Der Süden
Japan
Ko Samui/Ko Phangan
Malaysia
Nepal
Peking
Philippinen
Phuket
Rajasthan
Shanghai
Singapur
Sri Lanka
Thailand
Tokio
Vietnam

INDISCHER OZEAN | PAZIFIK
Australien
Malediven
Mauritius
Neuseeland
Seychellen
Südsee

REGISTER

In diesem Register sind alle in diesem Band erwähnten Orte und Ausflugsziele, außerdem etliche zusätzliche Stichworte verzeichnet. Halbfette Seitenzahlen verweisen auf den Haupteintrag, kursive auf ein Foto.

SCHREIBEN SIE UNS!

Liebe Leserin, lieber Leser,

wir setzen alles daran, Ihnen möglichst aktuelle Informationen mit auf die Reise zu geben. Dennoch schleichen sich manchmal Fehler ein – trotz gründlicher Recherche unserer Autoren/innen. Sie haben sicherlich Verständnis, dass der Verlag dafür keine Haftung übernehmen kann.

Wir freuen uns aber, wenn Sie uns schreiben.

Senden Sie Ihre Post an die
MARCO POLO Redaktion,
MAIRDUMONT, Postfach 31 51,
73751 Ostfildern,
info@marcopolo.de

IMPRESSUM

Titelbild: Burg Eltz (Huber: R. Schmid)
Fotos: BLIND: Erik Weiß (13 o.); denzer & poensgen: Rainer Mader (15 o.); die villa: Lisa Thewes (14 u.); eifelTOUR GbR: Michael Wirtz (14 M.); Merlin Flu/VG Bild-Kunst: Rainer Mader (12 u.); © fotolia.com: Ramon Grosso (92 M. l.), JM Fotografie (13 u.); Gerolsteiner (60); U. Haafke (2 l.); R. Hackenberg (3 r.); HB Verlag: Gaasterland/Teschner (U. M., 23, 35, 47, 74, 76, 83, 100), Hirth (4 r., 8/9, 11, 24/25, 40, 68/69, 78/79, 89, 98/99, 106/107), Kluyver (51); Huber: Damm (42/43, 54/55), Klaes (36), Leimer (90/91), B. Radelt (16/17, 73, 94/95), R. Schmid (1, 6/7, 30/31, 39, 86/87); © iStockphoto.com: Kaitlin Gruß (93 u. r.), Sergey Kashkin (93 M. l.); Kartoffel-Restaurant Kiste: Harry Betz (15 u.); Kurfürstliches Amtshaus (56); Laif: Boening/Zenig (5), Bungert (97), Gaasterland (U. l., 28), Hohenberg (32), Kirchgessner (67), Steinhilber (80); Mauritius: Imagebroker/KFS (52), Imagebroker/S. Lubenow (28/29), Imagebroker/W. Schäfer (18), Imagebroker/K. F. Schöfmann (29); moselrundflug.de: Stefan Scherf (92 M. r.); Nicole Nelißen (126); picture-alliance: dpa-Report (62); Piranha: Peter Fath (14 o.); Rock am Ring (22); Schuster: Kinne (3 M.); Steffens: van Limbergen (22/23); Vulkanhaus Strohn: Helmut Jassen (92 u. r.); Weingut S. A. Prüm (93 M. r.); E. Wrba (U. r., 2 r., 3 l., 4 l., 26, 27, 44, 49, 59, 65, 70, 84; Yacht- und Wassersportclub Schweich e.V.: Anke Krämer-Gorges (93 M. o. l., r.); Zeitsprung Café: Anne Marie Berg (92 o. l.); Magdalena Zietkiewicz (12 o.)

3. (8.), aktualisierte Auflage 2009

Chefredaktion: Michaela Lienemann, Marion Zorn
Autor: Wolfgang Bartels; Bearbeitung: Nicole Nelißen; Redaktion: Andrea Mertes
Programmbetreuung: Silwen Randebrock; Bildredaktion: Barbara Schmid, Gabriele Forst
Szene/24h: wunder media, München
Kartografie Reiseatlas: © MAIRDUMONT, Ostfildern
Innengestaltung: Zum goldenen Hirschen, Hamburg; Titel/S. 1–3: Factor Product, München
Sprachführer: in Zusammenarbeit mit Ernst Klett Sprachen GmbH, Stuttgart, Redaktion PONS Wörterbücher

Printed in Germany. Gedruckt auf 100% chlorfrei gebleichtem Papier

> UNSERE INSIDERIN

MARCO POLO Korrespondentin Nicole Nelißen im Interview

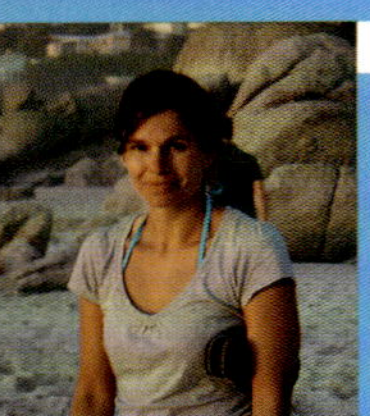

Nicole Nelißen lebt in Aachen – einem der Tore zur Eifel. Als freie Journalistin arbeitet sie für Tageszeitungen und den Hörfunk.

Was reizt Sie an der Eifel?

Es ist eine Region voll wundersamer Geschichten. Da ist zum Beispiel das kleine Hillesheim, das sich zu Deutschlands Krimizentrale mausert. In Mechernich hat ein Schweizer Stararchitekt einem frommen Bauern auf dessen Wunsch hin eine Kapelle mitten auf einen Eifelacker gesetzt. Und zu Halloween spielen die Monschauer als Quasimodo und Gespenster bei Gruselführungen mit. So sind die Eifler eben: kauzig und ungemein liebenswert.

Wo und wie leben Sie?

Die Eifel liegt im Viereck zwischen Aachen und Köln, Trier und Koblenz. Ich wohne in einem dieser vier „Tore zur Eifel", in einer schönen Altbauwohnung mit Dachterrasse mitten in Aachen. Es gibt viele Läden, Galerien und Kneipen in erreichbarer Nähe.

Kommen Sie viel in der Eifel herum?

Ich bin Lokalpatriotin und liebe Entdeckungstouren. Am liebsten „Out of Eifel": Dazu stelle ich das Navigationssystem im Auto aus und tuckere über die Dörfer. Hinter der nächste Biege, wo sich eigentlich Fuchs und Rotwild „Gute Nacht" sagen, findet sich urplötzlich ein ganz charmantes kleines Landcafé wie in Kerpen oder ein kurioses Mausefallenmuseum wie in Neroth.

Als Lokalpatriotin haben Sie bestimmt ein Eifler Lieblingsessen?

Habe ich. Allerdings ist es keineswegs ein kulinarischer Höhepunkt. Aber dafür trägt es hier einen witzigen Namen: Man nennt es Schniposa – Schnitzel mit Pommes und Salat. Kennt in der Region jeder Wirt. Schniposa gibt's auch in der kleinsten Eifelkneipe.

Angeblich ist das Wetter in der Eifel sehr rau. Stimmt´s?

Stimmt. Ich nenne das dann den November-Blues. Es ist eine mystische Stimmung, wenn morgens langsam der Nebel aus den Tälern aufsteigt, es den ganzen Tag nicht richtig hell und am frühen Nachmittag schon wieder dunkel wird. Da fühlt man sich wie am Ende der Welt – aber an einem besonders schönen!

Ihr schönstes Eifelerlebnis?

Das sind der Kürbismarkt oder der Weihnachtsmarkt in Monschau. Mir gefällt die Kulisse der windschiefen Fachwerkhäuser immer wieder, das ist ein Anblick wie aus im Bilderbuch. Dazu das bunte Laub im Herbst oder die weißen Dächer im Advent – herrlich! Vergessen Sie den Indian Summer in Neuengland, fahren Sie mal in die Eifel!